PHIL BOSMANS

**GOTT – MEINE OASE**

Gottes Segen zum
Geburtstag und
den Wunsch weiterhin
tief in den Grund
der Lebensfreude ein-
zudringen.
Ich freue mich Dich
in letzter Zeit näher
kennengelernt zu haben
Danke dafür

[illegible]

[illegible] 20.11.07

Phil Bosmans, geb. 1922, gründete vor über vierzig Jahren den „Bund ohne Namen“, der sich in vielen Ländern menschlich und sozial engagiert. Seine Bücher haben weltweit eine geschätzte Gesamtauflage von über neun Millionen. Phil Bosmans lebt in dem kleinen Kloster der Montfortaner in der Nähe von Antwerpen.

Ulrich Schütz, langjähriger Verlagslektor, hat alle Texte von Phil Bosmans ins Deutsche übertragen.

Phil Bosmans

# GOTT – MEINE OASE

## Vom Grund aller Lebensfreude

Mit einem Nachwort von Ulrich Schütz

HERDER

FREIBURG · BASEL · WIEN

*Aus dem Niederländischen von Ulrich Schütz*


www.herder.de
Umschlagmotiv:
© getty images, München
Foto auf S. 216:
© Klaus Herzog, Aachen
Innengestaltung:
Weiß – Grafik und Buchgestaltung, Freiburg
Druck und Bindung:
fgb · freiburger graphische betriebe
www.fgb.de
Gedruckt auf umweltfreundlichem
chlorfrei gebleichtem, säurefreiem Papier
Printed in Germany

ISBN-13: 978-3-451-29052-7
ISBN-10: 3-451-29052-9

# Inhalt

## II. Der Humanismus Gottes 56

## III. Uralte Fragen ohne Antwort 110

## IV. Zeugnis eines Kleingläubigen 159

# Einführung

Dieses Buch bringt keine hochwissenschaftlichen Erörterungen über das Gottesproblem der Gegenwart. Es versucht, in einer verständlichen Sprache einige Gedanken und Empfindungen und das Echo von Erfahrungen wiederzugeben über eine Wirklichkeit, die für unsere Welt etwas Fremdes geworden ist und die ich Gott nenne.

Ich kann nicht alles in Worte fassen.
Es geht mir nicht um eine Lehre,
nicht um Lehrsätze.
Ich möchte mit dir
über eine Wahrheit reden,
die Liebe ist.
Ich möchte dich
in Kontakt mit dem Leben bringen,
mit der Quelle allen Lebens.
Wie lebendiges Wasser strömen aus ihr
Licht und Liebe
zum Glück des Menschen.
Um den Weg zur Quelle mitzugehen,
muss man nicht studiert haben,

braucht man nicht gebildet
und nicht reich zu sein.
Was ich zu sagen habe,
ist für viele nicht neu.

*Dies ist kein Roman,*
*den man in einem Atem durchliest.*
*Nimm dir ruhig Zeit.*

Bei allem, was du hier liest,
sei dir bewusst, dass mein Wort
dir nichts aufzwingen will.
Es möchte ein Angebot
und eine Einladung sein.
Ich frage dich nichts.
Ich dränge dir nichts auf.
Du brauchst mit mir
nicht einer Meinung zu sein.
Ich säe nur.
Ich säe vielleicht in den Wind,
vielleicht auf Steine.
Aber ich glaube an die Saat.
Irgendwo fällt sie auf guten Grund.

*Auf vielen Seiten*
*muss man hier mehr lesen,*
*als dasteht.*

Worte können Wege öffnen
zu neuen Wirklichkeiten,
die nicht in Worte zu fassen sind.
Du begegnest ihnen,
wenn Stille dich umgibt,
wenn die Stille so stark wird,
dass du hörst, wie das Wasser
tief in der Quelle
anfängt zu sprechen.

# I. Gott, wo bist du?

*Gott, wo wohnst du? Wie ist deine Adresse?*

Die Menschen, ob sie glauben oder nicht glauben, haben es schwer mit dir. Die Menschen sind ganz schön weit gegangen, Lichtjahre weit. Sie suchten nach den Grenzen des Weltalls, und nirgendwo haben sie dich gefunden. Mit Teleskop und Raumsonde blickten sie unvorstellbar weit in den Kosmos hinein, und nirgendwo haben sie dich gesehen.

*Gott, wo bist du?*

Die wissenschaftliche Entwicklung
hat eine Menge Bilder von dir aufgelöst
und viele Geheimnisse aufgeklärt.

Gott,
bald ist keiner mehr da,
der nach dir fragt,
keiner,
der sich für dich interessiert.

# Gott, du bist nicht mehr selbstverständlich

Du bist unbrauchbar geworden in einer Welt der Computer und Roboter. Überflüssig in einer Gesellschaft, die elektronisch gesteuert wird, nutzlos in einer Welt, die nach Aufwand und Gewinn rechnet und stets die Frage stellt: „Was bringt's?“ Menschen haben sich nun selbst Götter gemacht, die Götter von heute. Götter nach Maß, nach dem eigenen Geschmack und Gleichnis; nützliche, brauchbare Götter; Götter, die sich rentieren, die etwas einbringen; Götter mit eigenen Tempeln und eigenem Kult.

Oben auf dem Thron sitzt die „Macht“. In unterirdischen Tempeln wird die Saat der Atompilze gehütet, werden Kernwaffen wie Schutzengel verehrt. Zahllos sind die Anbeter der „Wissenschaft“, voller Bewunderung verbeugen sie sich vor den elektronischen Ikonen. Hochheilig ist das „Geld“ und alles, was man dafür kaufen kann: Bequemlichkeit, Wohlstand, Prestige, Luxus. Auf dem Altar aller dieser Götter werden Frieden und Glück von Menschen geopfert, werden die Kleinen und Schwachen ausgelöscht und liegt eine Welt, um zu sterben.

*Gott,*
*bist du vor diesen Göttern*
*ausgezogen?*

## Eine Welt ohne Gott

Eine fremde Welt. Eine Welt wie ein Warenhaus, wo mit Geld alles zu kaufen ist, das Glück zum Preis eines Schaumbads, ein Zuhause aus zweiter Hand vom Antiquitätenhändler und das Paradies durch eine Reise nach Mallorca.

Eine Welt, in der die Verschmutzung kosmische Ausmaße annimmt und moralische wie geistige Verwüstung zu kollektivem Selbstmord führt. Der Weltraum wird militärisches Aufmarschgebiet, und die natürlichen Lebensvorräte drohen von einer einzigen Generation verbraucht zu werden. Der Wahnsinn des Rüstungswettlaufs und die Weltwirtschaftsunordnung sind der Beweis für die Korruption des Geistes auf Weltebene.

Früher blieben die Folgen menschlicher Dummheit und Kurzsichtigkeit wegen technischen Unvermögens begrenzt. Nun drohen die Folgen, bedenkt man die technologischen Entwicklungen, katastrophal zu werden.

*Wissenschaft und Technik hoben den Westen*
*hoch hinaus über alle Welt*
*und griffen nach den Sternen,*
*aber sie waren nicht fähig,*
*Menschen auf der Erde glücklich zu machen.*

Es ist eine große Kluft entstanden
zwischen dem wissenschaftlich-technischen
Können des Menschen und
seiner geistig-moralischen Entwicklung.
Die Welt von morgen mit ihren komplizierten,
ausgeklügelten, gewaltigen Gebilden
droht das Resultat von Wesen zu werden,
denen das nötige Wissen zur Verfügung steht,
denen aber die „Kultur des Herzens“ fehlt
und die in ihrem Innersten
auf der Stufe von Steinzeitmenschen
stehen geblieben sind.

Unsere Weltanschauung stirbt
in einem Fortschritt,
der die Menschen unfrei macht
und sie durchprogrammiert
von der Wiege bis zum Grabe.

Geborenwerden und Sterben sind
in den Zugriff der Technologie geraten,
die keine Ahnung hat
vom Geheimnis der Menschen.

*Man hat Gott für tot erklärt,*
*und der wissenschaftlich-technische Fortschritt*
*sollte sein Grab sein.*

Wenn ich mir die Welt anschaue
und sehe, wie die Menschen leben,
drängt sich der Eindruck auf:
Nicht Gott ist tot,
sondern die Menschen gehen zugrunde
an ihren Todesurteilen über Gott.

Ich sehe, wie Menschen herumirren
in einem dunklen Labyrinth
und nach einem Ausweg suchen.
Ich sehe, wie Menschen
hinter Glas und Beton sitzen,
jeder in einem Glaskasten für sich,
in künstlich klimatisierter Luft.

Menschen haben den Kontakt verloren
mit der Natur, mit ihrer eigenen Natur,
mit ihrer eigenen inneren Tiefe.
Die modernen Lebensbedingungen,
die Wohn- und Arbeitsverhältnisse
beschleunigen den Prozess der Entbindung
von den natürlichen Lebensgemeinschaften,
und die Folge ist Fremdheit, Einsamkeit, Angst.

Der Geist wird verdrängt.
Menschen ersticken in Materie.
Sie werden materialistisch
bis in ihr Denken und Fühlen hinein.
Sie werden beherrscht
durch eine krankhafte Überbewertung
von Geld und Besitz, Macht und Reichtum.

Ich sehe, wie Menschen
der Sinnlosigkeit verfallen,
dem Absurden, dem Nichts.
Die Zahl der Entmutigten, Frustrierten,
Zerrütteten und Nervenkranken steigt.
Immer mehr Selbstmorde
und Selbstmordversuche.

Menschen sind
krank durch eine kranke Lebensweise,
krank durch einen zerbrochenen Lebensrhythmus,
krank durch eine verschmutzte Natur,
krank durch eine unnatürliche Nahrung,
krank durch eine Überbewertung von Scheinwerten,
krank durch eine kranke Gesellschaft.

## Viele machen sich über Gott keine Gedanken

Sie nahmen die Religion mit der Muttermilch auf, aber in ihrem tiefsten Inneren haben sie sich niemals bewusst dafür entschieden. Es gibt sehr viel Gleichgültigkeit und Oberflächlichkeit. Es besteht Mangel an Wissen und richtiger Information. Es herrschen Unverständnis und Verärgerung über bestimmte Haltungen und Äußerungen der Kirchen. Es fehlen mitreißende Zeugnisse von Glaubenden. Und vor allem gibt es durch übermäßigen Konsum, der alle höheren Regungen erstickt, einen allgemeinen Prozess der Vermaterialisierung. Materie überwuchert den Menschen wie ein Urwald, und der Geist des Menschen stirbt ab.

Menschen stürzen sich in eine Welt der Betäubungen. Ihre Flucht in ohrenbetäubende Musik, in Alkohol und Drogen ist manchmal ein Schrei nach »Sinn«. Nach dem „Sinn“ des Lebens, nach sinnvollen Antworten auf die großen Lebensfragen.

Die tieferen „Sinn“-Fragen werden nicht mehr gestellt. Sie liegen gut aufgehoben im Tiefkühlfach. Menschen werden jeden Abend der leeren Schaulust ausgeliefert. Tief enttäuscht sitzen sie da und warten vergeblich auf ein bisschen Licht in einer Welt, die Gott und Religion verdrängt hat, weit weg an den Rand des Lebens.

Zum ersten Mal in der Geschichte gehen Menschen davon aus, dass es für den Aufbau einer Gesellschaft völlig belanglos ist, ob Gott existiert. Menschen sind nicht gegen Gott. Es werden keine Argumente mehr gegen Gottes Existenz vorgebracht. Im geistigen Klima von heute kommt Gott einfach nicht vor.

Unsere gegenwärtige Kultur wird vom Konsumtrieb beherrscht und vom Nützlichkeitsprinzip bestimmt. Gott aber liegt nicht auf der Linie des Konsums, er ist nicht einzuordnen auf der Ebene des Nutzeffekts. Religion und Glaube mag man hinnehmen, doch die Frage von heute, was man damit machen kann, bleibt ebenso sinnlos wie die Frage, ob Schönheit und Liebe sich rentieren. Es ist eine Mentalität entstanden, in der für die Frage nach Gott kein Bedarf besteht.

*Nichtglauben*
*ist praktisch die Lebenseinstellung*
*der meisten Menschen geworden.*

## Suchen und Fragen stellen

Der Mensch
– ein kleines wunderliches Wesen.
Er lebt und stirbt
zwischen Steinen und Beton,
immer in Hetze auf eiligen Wegen.

Der Blutdruck macht ihm zu schaffen,
es plagen ihn Leber und Herz.
Voll ist er mit Problemen,
stets auf der Suche,
doch meistens,
bevor er noch findet,
ist er schon tot.

Vielleicht kommt eine Zeit, in der der Mensch auf seinem suchenden Weg verwiesen wird an den Zentralcomputer, der ausgerüstet ist mit allem verfügbaren Wissen. Dann werden die Fragen wohl mehr denn je Sinnfragen sein, die der materielle Fortschritt nicht beantworten kann. Hoffentlich wird dann der Mensch wieder anklopfen bei den alten Philosophen und den großen Mystikern. Es sei denn, es wären nur die Fragen erlaubt, die der Computer beantworten kann, und alle metaphysischen Fragen wären verboten, weil der Zentralcomputer sonst sprachlos würde.

Der Mensch ist und bleibt in seinem tiefsten Wesen ein Sucher, aber meistens wagt er nicht, weit genug zu gehen. Meistens folgt er falschen Göttern, die ihm ein glänzendes Paradies versprechen. Aber wenn er dann hineintritt, zerplatzt es wie eine Seifenblase.

*Das Heimweh*
*nach dem verlorenen Paradies*
*ist dem Menschen*
*ins Herz geschrieben.*

Menschen sind große Kinder.
Ihr Leben lang sind sie
auf der Suche nach Wärme,
nach Liebe und ein bisschen Glück.
Auf der Suche nach einem Zuhause.
Auf der Suche nach einem,
der sie gern hat,
bei dem sie sich sicher fühlen,
bei dem sie Geborgenheit finden.

Menschen suchen ihr Leben lang
auf vielen Wegen,
Umwegen und Irrwegen
einen festen Ort, einen Heimathafen,
einen Tisch und Brot und Wein,
ein Herz und eine sanfte Hand,
eine stille Gegenwart, die bleibt,
auch wenn die Worte verstummen.

Aber das Leben lehrt,
dass Menschen für Menschen
nur Zwischenhäfen sind,
ein Anlageplatz auf Zeit,
wie schön er auch sein mag.

Menschen suchen,
bewusst oder unbewusst,
den großen Strom,
der sie hinträgt ans andere Ufer,
in den endgültigen Hafen,
wo sie für immer geborgen sind.
In den Hafen voller Licht und Liebe,
den ich Gott nenne.

# Gott, ich habe Angst um deinen Namen

Du hast viele Namen.
Es gibt keinen einzigen Namen,
der das Geheimnis deines „Seins“ umschließt.
Gott, sie haben deinen Namen missbraucht,
sie haben dich in eine Doktrin gefasst,
in ein kompliziertes Begriffsnetz gezwängt.
Sie haben dir einen kalten Panzer angezogen
und ein Schwert in die Hand gedrückt,
um mit deinem Namen ihre Frevel zu decken.
Menschen meinten, mit deinem Namen
einen Freibrief für die schlimmsten
Dinge zu haben.
Im Laufe von Jahrhunderten
haben sie deinen Namen besudelt
und für ihre Mitmenschen zu einem
Fluch gemacht.
Menschen haben deinen Namen gefüllt
mit ihren Verbrechen.
Sie haben deinen Namen geschrieben
mit dem Blut und den Tränen
von Unschuldigen und Wehrlosen.

Mit deinem Namen in der Hand
haben Menschen von Generation zu Generation
Menschen erniedrigt, verfolgt und ermordet.

*Gott, dein Name*
*ist unverständlich geworden.*
*Ich fürchte, viele wollen deinen Namen*
*nicht mehr hören.*

Gott, es gibt keine Sprache,
es gibt kein Zeichen,
es gibt keine Wörter und Bilder.

*Gott, du bist der Unsagbare,*
*du bist der Unaussprechliche.*

Wörter werden Phrasen, wenn wir dich als ein Wundermittel gebrauchen, verbrauchen und verkaufen wollen, das man täglich gegen alle Beschwerden einzunehmen hat. Wörter verlieren ihre Aussagekraft, wenn sie mehr sein wollen als ein Aufruf und eine Einladung, dir näher zu kommen. Die Wörter, Bilder und Begriffe, mit denen wir dir näher kommen wollen, bleiben unzureichend. Sie sind Kinder einer bestimmten Kultur und einer bestimmten Zeit. Die Gebrechlichkeit unseres Ausdrucksvermögens lässt uns sehnsüchtig Ausschau halten nach einer mystischen Sprache, nach einer Sprache weit über Wörter und Bilder hinaus. Bis jenseits der Grenzen von allem, was sichtbar und greifbar ist.

*Ich weiß:*
*„Man kann Gott totschweigen."*
*Aber ich weiß auch:*
*„Man kann Gott totreden."*

## Ich sitze da mit tausend Fragen

*Ich kann nicht glauben*
an das Nichts,
an das „Sein" ohne „Sinn",
an die absolute Leere.

*Ich kann nicht glauben,*
dass das Leben ein Fluch ist,
der durch alle Zeiten hindurch
Millionen von Menschen heimsucht.

*Ich kann nicht glauben,*
dass das Recht des Stärkeren
niemals gebrochen wird
und dass die Schwachen und die Armen
ewig die Opfer sind.

*Ich kann nicht glauben,*
dass so viele unschuldige Menschen
im Laufe der Geschichte
so entsetzlich gefoltert
und umgebracht wurden
und ihre einzige Aussicht wäre
eine unendlich lange schwarze Nacht.

*Dagegen sträubt sich mein ganzes Wesen.*
*Das ist für Geist und Herz*
*unannehmbar, unerträglich.*

Ich kann nicht annehmen,
dass die Wirklichkeit
vollständig erfasst ist,
wenn die Wissenschaft sie festgestellt,
analysiert und beschrieben hat.
Sie ist viel mehr.

Ich nehme an,
dass das Unsichtbare
unendlich viel größer ist
als das Sichtbare.

Ich bin sicher,
dass im Kern der unsichtbaren Welt,
ohne die Grenzen von Raum und Zeit,
ein Wesen gegenwärtig ist,
das die sichtbare Welt
mit unsichtbaren Fingern bewegt.

*Die unsichtbare Wirklichkeit*
*ist viel fesselnder*
*als die sichtbare.*
*Mit dem berechnenden Verstand*
*kann man sie*
*nicht wahrnehmen.*
*Dafür gibt es die Augen des Herzens.*

# Ich kann Gott nicht beweisen

Wie kann ich ein Wesen beweisen, das alle Denksysteme in jeder Hinsicht übersteigt? Von allem, was existiert, ist Gott radikal verschieden, und wissenschaftlich ist er nicht unmittelbar wahrzunehmen. Mit dem Verstand können wir Gott auf die Spur kommen, aber wir können ihn nicht greifen und nicht begreifen.

*Gott ist kein Objekt für den Verstand.*

Könnte man Gott erfassen in den Grenzen des Verstandes, dann könnte man ihn auch machen, aber dann hätte man höchstens einen Totempfahl.

*Erkennen –*
*das kann nicht allein der Verstand.*

Das Denken kann man nicht reduzieren auf elektrochemische Prozesse, die sich im Gehirn abspielen. Der Verstand selbst muss zugeben, dass im Menschen mehr ist als der Verstand.

*Erkennen – das kann der ganze Mensch.*

## Fragen nach dem Warum umzingeln mich wie ein Urwald

Die Wissenschaft kann viel erklären
und weiß auf eine ganze Menge
von Fragen eine Antwort.
Aber wenn es um das letzte Warum geht,
bleibt sie sprachlos.
um sein Dasein, um sein Wirken,
waren die wirklich großen Wissenschaftler
meistens sehr schweigsam.
Nur die vielen kleinen Geister,
pochend auf ihre Positionen
und blind für ihre Grenzen,
wussten schon immer Bescheid:
Aller Gottesglaube sei naiver Selbstbetrug
und müsse durch die Wissenschaft
entlarvt werden.
So sagte ein Chirurgiespezialist,
er hätte schon viele Gehirne geöffnet
und noch nie eine Seele gefunden,
und ein Astronaut erzählte,
dass er im Weltraum
nirgendwo Gott getroffen habe.

## EIN GRASHALM

Ich habe die Menschen der Wissenschaft
und Technik gebeten,
mir einen Grashalm zu machen.
Und sie machten einen Grashalm.
Er sah so aus wie ein echter Grashalm,
so grün, so dünn und so biegsam.
Als ich ihn näher anschaute,
sah ich, dass er tot war.
Er konnte nicht atmen.
Er konnte nicht wachsen.
Er konnte nicht leben und nicht sterben.
Eigentlich hatte er
nichts von einem echten Grashalm,
nur den Namen.
Keine Kuh und nicht einmal eine Ziege
konnte ihn fressen
und Milch daraus machen.
Ich hörte, wie alle Grashalme der Welt
über den Grashalm der Menschen lachten:
Die großen Menschen können
mit ihrer ganzen Wissenschaft
und Technik nicht einmal
einen kleinen Grashalm machen.

## Wissenschaft ist nicht allwissend

Wissenschaft und Technik haben dem Menschen in der Welt große Dienste erwiesen. Sie haben ihn aus manchen Beschränkungen früherer Zeiten herausgeführt, ihn von vielen Fesseln freigemacht. Wahre Wissenschaft steht Gott nicht im Weg.

In unseren Tagen wird sich die Wissenschaft ihrer Grenzen mehr und mehr bewusst. Es stellt sich immer deutlicher heraus, dass sie nicht in der Lage ist, ein zutreffendes Bild von der ganzen Wirklichkeit zu geben. Die Wirklichkeit von Mensch und Welt erscheint unendlich viel komplizierter und geheimnisvoller, als die wissenschaftlichen Theorien bisher angenommen haben. Und dabei sind heute die Ergebnisse der Wissenschaft so umfangreich und so vielfältig auf unvorstellbar vielen Gebieten, dass kein menschliches Gehirn mehr imstande ist, alles aufzunehmen und zu erfassen.

*Die Wissenschaft*
*gibt nicht die Antwort,*
*die wir auf unsere Fragen suchen.*

Solange man nur mit dem Verstand auf Gott zugehen will, bleibt man an der Außenseite, kann man Gott nicht erkennen. Jede Definition Gottes und jede Begriffsbestimmung ist dann zum Scheitern verurteilt. Wir müssen mit Geist und Herz, mit unserem ganzen Menschen zu Gott. Mit einem freien, offenen Herzen müssen wir in Gott hineingehen und zu einer persönlichen Beziehung kommen.

*Es geht nicht um vieles Wissen.*
*Es geht um Einsicht.*

Nicht um die Einsicht, die man durch vieles Studieren bekommt, sondern um jene Einsicht, die langsam wächst, wenn wir uns, hingerissen vom Wunder des Lebens, in Vertrauen, Einfachheit und Liebe unbekannten Kräften überlassen. Es geht um eine tiefe Erfahrung, die dem Verstand nicht entgegensteht, sondern über das verstandesmäßige Denken hinausgeht. Um die Erfahrung einer intensiven Liebe, die aus der Schöpfung auf uns zukommt. Um die Erfahrung, sich geliebt zu wissen von einem Wesen, das sich uns langsam und immer mehr zu erkennen gibt in dem Maße, als wir uns selbst loslassen und in Liebe hingeben.

## Der Gott, an den ich nicht glauben kann

Ich glaube nicht
an einen Gott von Diktatoren,
von Mächtigen und Reichen,
an einen Gott, der mit Gewalt
die Ordnung aufrechterhält,
den Kleinen Angst einjagt
und die Waffen segnet.

Ich glaube nicht
an einen Gott als Totempfahl
für Primitive und Ungebildete.

Ich glaube nicht
an einen aus der Not geborenen Gott,
an ein Betäubungsmittel,
wenn das Leben unerträglich wird,
an eine Rettungsinsel,
wenn man den Boden
unter den Füßen verliert
und sich an keinen Menschen mehr
halten kann,

an ein Allheilmittel,
um die Löcher unserer Ohnmacht
zu stopfen.

Ich glaube nicht
an einen Gott, der mit dem Stock
hinter der Tür steht,
an einen Gott, der die Menschen
in ihren Möglichkeiten bremst,
an einen Schiedsrichter,
der nur die Fehler pfeift,
an einen obersten Sittenrichter,
an einen hässlichen Gott.

Ich glaube nicht
an einen Gott, der unnahbar ist,
an ein Überwesen, fern, kalt und unbewegt.
Ich glaube nicht an einen Gott
von Philosophen und Ideologen,
abstrakt und unverständlich.
Ich bin ein Ungläubiger.

*Gott ist die große Lebensfrage,*
*auf die allein*
*das Herz*
*eine Antwort weiß.*

Von Gott hat man keine verstandesmäßige Erfahrung, so wie man von Liebe keine verstandesmäßige Erfahrung haben kann. Darum ist es sehr schwierig, Gott und Liebe mit dem Verstand zu erklären. Das wissen Dichter und Heilige schon längst.

Wenn ich sehe,
wie Gott aufscheint
im letzten Warum,
verändert sich alles.
Alles erhält Sinn und Farbe.
Alles findet zusammen
über die tiefsten Abgründe,
über die höchsten Berge,
über alle Meere,
durch den unermesslichen Raum,
bis an die Grenzen des Alls.

*Unser Herz weiß um Gott.*
*Bevor sich Gott*
*unserem Verstand offenbart,*
*ist das Herz ihm längst begegnet.*

## Ich verstehe die Ungläubigen

*Ich habe Freunde,*
*die bewusst nicht glauben*
*und sehr gute Menschen sind.*

Sie haben nachgedacht. Sie bringen ernsthafte Gründe vor, warum sie nicht glauben. Sie können das Gottesbild nicht annehmen, das ihnen vorgehalten wurde. Sie können das Leid, das Elend und so viel Böses in der Welt nicht vereinen mit dem Glauben an einen guten, liebevollen Gott. Manche meinen, dass der Glaube an Gott der Freiheit des Menschen im Wege steht und darum die menschliche Entwicklung verhindert. Alle Achtung und Anerkennung vor diesen guten, aber nichtglaubenden Menschen, die für das große Geheimnis des menschlichen Lebens geöffnet sind und sich bewegen im Kraftfeld einer großen Liebe zu den Menschen.

Glaubende und Nichtglaubende sollten einander die Existenz Gottes nicht streitig machen. So wie Glaubende keinen endgültigen Beweis liefern können, dass Gott existiert, so haben auch Nichtglaubende kein schlagendes Argument für die Behauptung, dass er nicht existiert.

Ob sie glauben oder nicht glauben, sie sind alle Menschen, kleine Menschen auf einem kleinen Planeten, in einem Dorf, das Erde heißt. Was sie auch glauben, sie essen das gleiche Brot und atmen die gleiche Luft. Sie gehen durch die gleiche Sonne und den gleichen Regen, und wenn sie verliebt sind, werden sie ebenso blind. Sie gehen die gleichen Wege und plagen sich meistens mit denselben Fragen.

Wenn sie einander auf Kreuzungen begegnen, sollten sie sich den Weg nicht streitig machen, sondern offen füreinander sein. Sie sollten Freundschaft schließen und sich gegenseitig „Gute Reise" wünschen und gemeinsam auf der Suche bleiben nach dem geheimen, tiefen Sinn von allem, was lebt und atmet.

Glaubende und Nichtglaubende stehen dichter beieinander, als sie denken. Unverträglichkeit ist das Schlimmste, was ihnen passieren kann. Religiöser Fanatismus: unter allen Fanatismen der fanatischste und der gottloseste.

## Ein ungläubiger Freund

Er konnte noch genau den Tag sagen und die Stunde und die Straße, in der Gott ihn überfallen hat. Überfallen – ja! Es kam so unerwartet. Eine unerklärliche Freude. Fliehen wollte er, aber er konnte nicht weg. Er stand am Boden wie festgenagelt. „Ich werd' verrückt", dachte er. Sein ganzes Wesen schrie es heraus: Gott existiert! Er sträubte sich: Nein, nein, nein. Das geht nicht. Aber es ließ ihn nicht mehr los.

*Gott existiert!*

Aber Gott war doch Opium. Seine Eltern waren überzeugte Marxisten, und das saß auch bei ihm in Mark und Bein. Die Briefe seiner Brautzeit waren immer sehr lang gewesen, um seine Verlobte zu überzeugen. Er konnte sich nicht vorstellen, wie sie es zusammen aushalten sollten, wenn sie in diesem Punkt nicht einer Meinung wären.

Und nun stand er da, am helllichten Tag, auf einer der vielen Straßen der Großstadt – konfrontiert mit Gott. Ein fremdes Gefühl, und eine Sicherheit, die er nicht erklären konnte. Wochenlang hat er mit sich gerungen und seiner Frau nichts davon sagen können, bis er es an einem Abend nicht mehr aushielt. Im Halbdunkel auf einen Stuhl gelehnt, sagte er: „Anni, ich glaube. Gott existiert!" Er erwartete Widerstand, Streit, Probleme, aber es wurde eine stille Umarmung. Seine Frau konnte vor Tränen nichts sagen. Wieder kam eine unglaubliche Freude über ihn. Er fühlte, dass alles gut war, so gut wie nie zuvor. „Schon seit einer Weile gehe ich heimlich in eine Kirche", sagte sie, „aber ich schwieg darüber, um dir nicht weh zu tun."

Am Sonntag darauf gingen sie beide. In der Kirche waren ein paar Leute. Als sie kamen, las gerade jemand aus einem dicken Buch hinter einem Pult: „Wandelt als Kinder des Lichts", und schaute zu den Angekommenen auf. Ich hätte tanzen können, erzählte er mir später, solche nie erlebte Begeisterung erfüllte mich. Wir sind singend nach Hause gegangen und mit einem dicken Stift habe ich im Kinderzimmer, im Wohnzimmer und in der Küche mit Großbuchstaben an die Wand geschrieben:

*Wandelt als Kinder des Lichts!*

## Geistliches Testament eines Gläubigen

„Ich verbrachte mein Leben in einer pluralistischen Umgebung und immer unter freidenkerischen Vorgesetzten. Ich habe Krebs, und ich weiß, dass ich sterben werde. Es gab niemals einen, der bewiesen hat, dass wir durch den Tod in das Nichts gehen. Ich gehe durch den Tod in die allerletzte Wirklichkeit, die unbegreifliche, alles umfassende allerwirklichste Wirklichkeit, die wir Gott nennen. Dies kann nicht positiv-rational bewiesen werden, aber es kann auch nicht widerlegt werden. Dass ich durch den Tod nicht in das Nichts, sondern in Gott hineingehe, ist für mich vollkommen annehmbar. Wenn Gott wirklich ‚ist', dann ist er nicht nur der, der mich erschaffen hat, sondern auch der, der mich vollendet.

Das ist eine Sache des Glaubens. In Gott hineingehen, das kann man nicht beweisen, aber das kann man hoffen mit einem Licht schenkenden Glauben und Vertrauen. Als Schöpfer und Erhalter der Welt und des Menschen hat Gott ein Wort mehr zu sagen. Ihm gehört das erste und auch das letzte Wort. Wer an den ewigen und lebendigen Gott wirklich glaubt, der glaubt auch an sein eigenes ewiges Leben."

*(L. G., Fernsehproduzent)*

*„Ich glaube, aber ich darf*
*über Gott nicht nachdenken,*
*sonst bekomme ich Angst,*
*meinen Glauben zu verlieren.“*

Dies sagte ein Wissenschaftler.
Sein Glaube war ein Erbstück,
von Generation zu Generation weitergegeben,
wie die alte Uhr in seinem Studierzimmer.
Sie weckte Erinnerungen,
aber sie tickte nicht mehr.
Das Herz war draußen.
Täglich vertiefte er sich in die Wissenschaft.
Doch die allerletzten Fragen,
die das Herz ihm stellte,
blieben uneingelöst, offen.
Darauf wusste die Wissenschaft keine Antwort.
Davor bekam er Angst.
Er hatte sich nicht darum gekümmert,
mit seinem ganzen Wesen
Kontakt zu finden mit dem Geheimnis,
wo Erfahrung zur Erkenntnis wird
und das Herz Antworten erhält,
die der Verstand nicht finden kann.

## EIN WEIZENKORN

Der Naturwissenschaftler weiß alles
über die feststellbaren Prozesse,
die sich in einem Weizenkorn abspielen.
Über die tiefste Frage
nach dem Wie und Warum
des ersten Weizenkorns
weiß er nichts.
Das liegt außerhalb seines Gebietes.
Selbst wenn er überzeugt ist,
dass im Geheimnis eines Weizenkorns
ein höheres Wesen am Werk ist,
wäre es unwissenschaftlich,
dies öffentlich zu bekennen.
Und doch ist dies die Überzeugung,
die ihm vielleicht Hoffnung gibt
und ihn ein bisschen glücklich macht.

## „Glaub mir: Euer Gott existiert."

„Ich habe mir mal in meinem Leben die Zigarre mit einem Tausendfrankenschein angezündet", erzählte er mir eines Abends. „Ich hatte alles. Ich war ein großer Herr. Ich fühlte mich wie ein Gott. Meine Untergebenen mussten vor mir kriechen. Ich brauchte niemand. Ich bezahlte für alles. Ich habe alles durchgemacht und alles durchprobiert. Und nun sitz ich hier …

Ich bin kaputt, keine vierzig Jahre alt. Ich habe keinen Menschen mehr. Ich habe gemordet. Aber nun weiß ich: Eine Uniform ist keine Entschuldigung für Mord. Wohin ich sehe, sehe ich nur Gold, das verdreckt, und Menschen, die kriechen. Und das Schlimmste sind die Toten, die weinenden Frauen und Kinder, die mich voller Angst mit aufgerissenen, flehenden Augen ansahen und die ich niedergeschossen habe. Jetzt kommen sie mich nachts besuchen.

Ich weiß nicht mehr ein noch aus. Ich weiß auch nicht, wie ich hierher gekommen bin. Ich habe eine Parabellum 6,5 gekauft, einen automatischen Revolver, wissen Sie, nein, kein Selbstmord, es ist bloß ein Aussteigen aus meinem eigenen Dreck."

*„Glaub mir: Euer Gott existiert."*

„Ich habe es erlebt. Er existiert in den Menschen, die um dich sind. Wenn du dich um die Menschen kümmerst, dann bekommst du, denk ich, das Paradies von selbst. Aber wenn du in deiner Überheblichkeit die Menschen kriechen lässt und fertig machst, wie ich es tat, hast du die Hölle, jetzt schon. Ich bin der lebende Beweis. Ich bin ein Teufel."

Der Mann war in Panik.
Er sagte noch viel mehr.
Es hat Stunden gedauert,
bis er zur Ruhe kam.
In jener Nacht hat er
sein ganzes Leben gebeichtet
und ist am Morgen verschwunden.
Es wurde hell.

## Der Glaube der Einfachen

In allen Weltreligionen gibt es eine Menge von einfachen Menschen, die ihren Glauben an ein übermenschliches Wesen, an eine höhere Macht, an einen Gott auf ganz einfache Weise zum Ausdruck bringen. Durch viele Riten und Gebräuche suchen sie Verbindung mit einem Wesen, das größer ist als sie selbst. Sie zünden Kerzen an. Sie küssen Hände und Füße von Figuren, sie streicheln Bilder, sie verrichten Gebärden, verneigen sich und knien nieder.

Sag nicht zu schnell: „Das ist bloß Aberglaube. Das sind dumme, primitive Menschen. Die wissen es nicht besser." Sei vorsichtig mit deinem Urteil.

Es ist ihre Art und Weise, sich auszudrücken, ihre Art und Weise, Gott zu suchen. Vielleicht fühlen sie tiefer, vertrauen sie stärker auf die unsichtbare Wirklichkeit, die sie durch sichtbare Zeichen hindurch erreichen wollen.

Sie sind auf dem Weg. Gott lässt sie kommen. Gott nimmt sie auf. Bei ihm werden sie die Ersten sein, weil sie in dieser Welt immer die Letzten waren.

*Ich glaube an das Gute,*
auch wenn so viele Menschen
vom Bösen heimgesucht werden.

*Ich glaube an das Schöne,*
auch wenn das Hässliche in der Welt wuchert
und die Verschmutzung
tief in den Menschen dringt.

*Ich glaube an die Liebe,*
auch wenn man an Feindschaft festhält
und den Hass anstachelt.

Wenn ich einen Menschen sehe,
und sei er ein gebrochener Mensch,
dann glaube ich an ein Wesen,
das größer ist als der Mensch.

*Schau in die Augen*
*eines Kindes,*
*und du siehst*
*Gott.*

*Ich glaube,*
*dass der Uranfang des Guten*
*Gott ist.*

Gott ist nicht der gute Mensch,
aber in jedem guten Menschen
kommt Er auf uns zu.

Gott ist nicht die Blume,
aber in jeder Blume
ist Er vorübergegangen.

In allem, was lebt,
hat Gott eine Spur
seiner Liebe hinterlassen.
In jedem Grashalm
entdecke ich seine Signatur.

*Gott ist der tiefere Zusammenhang*
*von allem, was existiert,*
*von allem,*
*was es im ganzen Kosmos gibt.*

Alles ist miteinander verbunden.
Ein wunderbares Gewebe.
Tausende von feinen lebendigen Fäden
verbinden Menschen mit Menschen
und mit der ganzen Natur,
mit den Wolken hoch am Himmel
und mit dem Wasser in den Flüssen,
mit den Vögeln in der Luft,
mit den Fischen im Meer,
den Tieren auf dem Land,
mit Blumen und Bäumen,
mit den bunten Schmetterlingen,
den kleinen Käfern
bis hin zu den Millionen
von beinahe unsichtbaren Lebewesen
über und unter der Erde.

Gott ist
auf geheimnisvolle Weise
anwesend,
gegenwärtig im Wesen
dieses wunderbaren Gewebes.
Wo man dieses Gewebe beschädigt,
wird ein Anschlag
auf die Schöpfung verübt,
wird der Mensch angetastet.
Mit der Entfremdung
von diesen Lebenszusammenhängen
beginnt der Auflösungsprozess.
Menschen fangen an,
Menschen abzustoßen
auf allen Gebieten
des gesellschaftlichen Lebens
und bis hin zum Mutterschoß.

*Sünde ist wesentlich*
*das Zerbrechen*
*von Lebensverbindungen.*

# Eintreten in das Geheimnis

*Glauben:*
Er ist etwas anderes
als religiöses Wissen,
etwas anderes als das Akzeptieren
von gewissen Wahrheiten
und Lehrsätzen.

*Glauben:*
Er beginnt
mit dem Eintreten
in ein großes Geheimnis.
Tastend und suchend,
fragend und bittend um Licht.
Bis Gott eines Tages auf dich zukommt
und dich seine Gegenwart spüren lässt
in den tausend Dingen jeden Tages.

*Glauben:*
Weitersehen,
durch die Dinge hindurch,
auf ihn, der dahinter steht.

*Glauben:*
Die eigene irdische Sicherheit verlassen
und über das Wasser gehen,
sich einem Wesen anvertrauen,
von dem du weißt:
Es ist wirksam anwesend,
und es lockt stets weiter.

*Glauben:*
Sich aufnehmen lassen
in eine neue, tiefere Dimension,
in einen Bereich,
in dem alle Grenzen verschwunden sind.

*Glauben:*
*Voll Vertrauen in das Dunkel springen,*
*eine kraftvolle Form von Liebhaben.*

*Der Glaube ist eine Gabe.*
Du kannst sie nicht erobern.
Du kannst sie nicht einfordern.

*Der Glaube ist eine Gabe.*
Du bekommst sie nicht,
wenn du mit Händen voll Habgier
Wege zu Macht und Reichtum suchst.

*Glaube ist eine Gabe.*
Er wird dir gegeben
in Stunden der Stille,
wenn du dich selbst verlassen hast,
dein Herz leer gemacht hast
und mit geschlossenen Augen wartest,
bis du Gott irgendwo siehst.

*Glaube ist eine Gabe.*
Meistens wird er
ganz langsam gegeben,
vielen von der Kindheit an,
Nichtglaubenden manchmal plötzlich,
wenn sie so reinen Geistes
und offenen Herzens sind,

so ganz den Menschen hingegeben,
dass sie unbewusst
vielleicht schon lange leben
im magnetischen Feld
des unglaublichen Gottes.

Es ist eine große Dummheit,
Nichtglaubende
als weniger gute Menschen anzusehen
oder zu meinen,
dass Glaubende immer Idioten seien.
Gläubige, Andersgläubige und Ungläubige,
sie alle sind Menschen
und bilden eine Art Mosaik.
Die einzelnen Stücke und Stückchen
sind alle verschieden.
Sie sollten einander nicht verdecken
oder verdrängen.
Sie sollten versuchen,
Gottes Schönheit widerzuspiegeln
und etwas von Gottes Güte und Liebe
auszustrahlen.

## Mehr Freude im Leben

Wer Gott gefunden hat,
hat eine Antenne mehr,
um tiefere Botschaften zu empfangen.

Wer Gott gefunden hat,
hat einen Halt mehr im Leben,
hat einen Boden mehr unter seinen Füßen.
Wer Gott gefunden hat,
hat endlich sich selbst wiedergefunden,
in einer weiteren Dimension,
weit über seinen Horizont hinaus,
in einer neuen, der religiösen Dimension.

*Wer Gott gefunden hat,*
*muss stets weitersuchen,*
*um ihn stets mehr zu finden.*

*Gott ist so spannend.*
*Es ist nicht gut,*
*das Suchen aufzugeben.*
*Selbst, wenn man meint,*
*gefunden zu haben.*

## II. Der Humanismus Gottes

*Unter allen Weltreligionen*
*ist das Christentum die einzige,*
*in der das höhere Wesen sich offenbart*
*als ein Gott, der „Liebe" ist.*

Im Christentum begegnen wir einem Gott, der das Los des Menschen auf sich nimmt und sich mit Menschlichkeit bekleidet; einem Gott, der auf unseren Planeten kommt, der „Mensch" wird, um den Menschen nahe zu sein; einem Schöpfer, der seiner Schöpfung treu bleibt und seine Geschöpfe nicht im Stich lässt.

Es ist nicht zu glauben,
dass Gott in einem Menschen
zu den Menschen kommt.
Aber Gott wollte
seine Liebe den Menschen
sichtbar, greifbar und fühlbar machen.
Darum braucht er einen Leib,
Hände und Füße
und die Wärme eines Menschenherzens.

# Gott ist Liebe

*Das „Menschwerden“ Gottes*
*ist die Offenbarung*
*einer unglaublichen Liebe.*

Das ist die allerschönste Botschaft,
die Menschen je gegeben wurde.
Diese Liebe ist „Mensch“ geworden,
Fleisch und Blut geworden
in der Person Jesu von Nazareth,
die vor zwanzig Jahrhunderten
in die Geschichte eintrat
und alles auf den Kopf stellte.

*In Jesus sehen wir Gott*
*durch die Welt gehen.*

Jesus ist ein Angebot,
ein göttliches Angebot an alle Menschen.
Er ist nicht das Monopol
von Katholiken oder Protestanten,
charismatischen Gruppen
oder Erweckungsbewegungen.

Er ist nicht gekommen
für eine Gruppe oder für eine Partei.
Er ist zu allen Menschen gekommen,
zu den Menschen aller Rassen und Sprachen,
aller Richtungen und aller Zeiten.

*Das Geheimnis der Menschwerdung –*
*etwas völlig Neues*
*in der religiösen Geschichte*
*der Menschheit.*

*Das Geheimnis der Menschwerdung*
*ist der Kern des Christentums.*
*Ein Geheimnis der Liebe.*

Im Christentum geht es um Liebe,
um die Liebe Gottes,
wie sie Gestalt angenommen hat
in der Person Jesu.

*Die Wahrheit des Christentums*
*ist Liebe.*
*Die Wahrheit des Christentums*
*ist Jesus.*

Im Christentum glaubst du nicht
an eine abstrakte Wahrheit,
an eine Reihe von Lehrsätzen,
sondern an jemand, der dich gern hat.
In Jesus sagt Gott den Menschen,
wie gern er sie hat.

*Jesus ist das Wort Gottes.*
*Alles, was Gott den Menschen zu sagen hat, ist:*
*Jesus.*

Für das Christentum
bist du in der Wahrheit,
solange du in der Liebe bist,
in Jesus.

Es klingt seltsam,
aber es ist unerhört befreiend,
dass du im Christentum
die Wahrheit nicht verlieren kannst
durch Mangel an Wissen,
sondern einzig und allein
durch Mangel an Liebe.

## GLAUBEN

An den Gott des Christentums glauben
heißt:
sich in den Strom der Liebe werfen,
der von Jesus aus
durch die Welt fließt.

# Christentum:
# die Liebesgeschichte von Gott und Mensch

Eine Geschichte mit einer sehr langen Vorgeschichte, die mit der Schöpfungserzählung beginnt.

*Die Schöpfungsgeschichte*
*ist eines der schönsten Stücke*
*der Weltliteratur.*

Gott erschuf das Licht,
den Tag und die Nacht,
das Land und das Meer,
die Blumen und die Bäume,
grünes Gras, reine Luft
und sauberes Wasser.
Gott schuf die Sonne,
den Mond und die Sterne,
die Fische im Meer,
die Vögel in der Luft
und die Tiere auf dem Land.
Es wurde Abend, und es wurde Morgen.
Und Gott sah, dass es gut war.

Dann kam der sechste Tag.
Am sechsten Tag machte Gott
sein Meisterstück,
den Menschen,
den König der Schöpfung.
Er erschuf ihn
nach seinem Bild und Gleichnis.

*Der Mensch ist geschaffen*
*nach dem Bild eines Gottes, der Liebe ist.*
*Was für ein unglaubliches Wesen!*

Und am siebten Tag
ruhte Gott
und überließ
die ganze wunderbare Schöpfung,
das Paradies der Erde,
dem Menschen.

# Ist die Schöpfung misslungen? Hat Gott sich geirrt?

Gott machte den Menschen zum „Herz“ der Schöpfung, zum Mittelpunkt des ganzen Kosmos, zum einzigen Wesen, das mehr ist als ein Stück Materie, mehr als eine zufällige Struktur von Atomen und Molekülen. Geschaffen nach dem Bild eines Gottes, wurde der Mensch auch Geist. Sein Leib wurde ein beseelter Leib, unantastbar und unersetzlich.

Allem, was Gott schuf, hat er ein festes Programm eingebaut. „So musst du sein“ und „so musst du leben“. Bäume und Blumen und Pflanzen wachsen und blühen immer und überall ihrer Art gemäß auf dieselbe Weise. Das dümmste Huhn weiß, wie es ein Ei legen muss, und jeder Vogel singt noch immer dasselbe Lied, das er im Paradies lernte.

Nur der Mensch bekam ein „freies Programm“ eingebaut. Wohl gab Gott ihm eine „Handreichung“ mit. Es wurde ihm tief ins Herz geschrieben, wie er mit der Welt umgehen soll.

Gott war in den Menschen,
sein Meisterwerk, wahnsinnig verliebt
und hatte ein grenzenloses Vertrauen zu ihm,
dass er ihm alles in die Hände gab.

*Liegt hier der Irrtum?*

Gott machte aus dem Chaos
eine wunderbare Welt.
Der Mensch machte aus der Welt
wieder ein Chaos.

Die Schriften erzählen
vom ersten Brudermord
und wie schnell der Mensch
untreu wurde.
Durch alle Jahrhunderte hindurch
wuchs der Turm von Babel
und die Gewalt in der Welt.
Die Geschichte von Kain und Abel
ging weiter von Generation zu Generation.

*Der Mensch hat sehr schnell*
*das Bild Gottes in sich selbst verfinstert.*
*Ein völliger Fehlschlag!*

Aber Gott konnte den Menschen nicht vergessen. Er suchte auf vielen Wegen und auf vielerlei Weise, den Menschen wieder zu begegnen. Er fand bei allen Völkern und in allen Jahrhunderten fantastische Menschen – Propheten – und Engel mit einem menschlichen Gesicht. Sie sprachen die Menschen an und wiesen Wege zum Licht. In allen Religionen ist etwas von Gottes großer Weisheit zu den Menschen gekommen.

*Gott ließ seine Schöpfung*
*nicht im Stich.*

*In seiner Allmacht hat er*
*alles geschaffen.*

*In seiner Liebe hat er,*
*als die Zeit für das Kommen Jesu reif war,*
*alles neu erschaffen.*

## Eine völlig verrückte Geschichte

In Jesus geht Gott auf die Suche nach den Menschen, macht Gott sich klein wie ein Kind und gibt sich in die Hände von Menschen, um Menschen für seine Liebe zu gewinnen.

Eine völlig verrückte Geschichte. Wer mit dem Verstand nachdenkt, wird nie etwas davon begreifen. Wer mit dem Herzen hinschaut und zuhört, dem wird ein Licht aufgehen.

Du wirst in einen Strom
hineingenommen,
der die Jahrhunderte hindurch
Millionen von Menschen getragen hat.
Du wirst merken:
Ich muss nicht groß und stark sein,
ich muss nicht krampfhaft Leistung bringen,
um von Gott geliebt zu werden.
Du wirst erfahren,
dass Gott wie ein Verliebter
auf das kleinste Zeichen hin dir entgegenkommt,
über deine Fehler und Schwächen hinwegsieht
und dich vollkommen neu macht.

*Ganz und gar lieben –*
*so erhältst du Anteil an Gottes Natur,*
*so wird Gottes Bild in dir*
*wieder sichtbar werden.*

Über Jesus und seine Botschaft
ist zu lesen
in dem neuen Buch für diese Zeit:
im alten Evangelium.

Dieses Evangelium
ist ein offenes, unverwechselbares
und unerschöpfliches Manifest
einer großen Liebe.

## Das Evangelium

In diesem Buch ist der Humanismus Gottes beschrieben. Es ist eine Botschaft, die unglaubliche Freude schenkt. Die allermenschlichste und allergöttlichste Botschaft, die allen gängigen Ideologien gegenübersteht.

*Die allermenschlichste Botschaft,*
weil sie keinen Menschen links liegen lässt. Kein einziger wird abgeschrieben oder ausgestoßen. So viel Verständnis, Güte und Sympathie gibt es für Schwache und Sünder, für Menschen, die es nicht schaffen, dass sich jeder da zu Hause fühlen kann.

*Die allergöttlichste Botschaft,*
weil niemand sie ermessen kann, ihre Breite und Höhe und Tiefe. Wer einmal gläubig hier hineingegangen ist, findet so viel Licht, so viel Leben, so viel Freude, dass er mit allen Fasern seines Daseins spürt, auch wenn er es nicht mit Worten zu erklären vermag:

*Dies ist die Botschaft,*
*die die Welt retten kann.*

*Wenn es das Evangelium nicht gäbe,*
*müsste man es erfinden,*
*wenn das möglich wäre,*
*um Menschen glücklich zu machen,*
*nicht irgendwann einmal,*
*sondern heute, hier und jetzt,*
*in diesem Dorf, das Erde heißt.*

Dieses Evangelium enthält keine Doktrin, keine Lehrsätze, keine Philosophie. Es ist „Leben". Man trifft hier nicht auf eine Sache, eine Erinnerung, ein vergangenes Bild, eine Illusion, sondern auf eine „Person", auf jemand, der wirklich lebt und dessen Gegenwart zu spüren ist für die, die ihn lieben.

Von außen kann niemand hierzu ein gerechtes Urteil abgeben. Es ist eine Frage der Erfahrung. Man muss es mit Leib und Seele erfahren, oder es bleibt ein kaltes Objekt außerhalb von uns, das man studieren kann, ohne irgend etwas davon zu begreifen. Für wen Gott ein Hirngespinst ist und die Menschen eine bestimmte Struktur von Atomen und Molekülen, für den mag das Evangelium schöne Gedanken enthalten, aber die eigentliche Botschaft bleibt ihm verschlossen.

Für den, der glaubt, gibt das Evangelium
eine schwere, aber klare Antwort
auf die Frage nach dem tiefsten Sinn des Lebens
und was es bedeutet: „Mensch sein“
und „Mitmensch sein“.
Eine klare Antwort auf die Frage:
Wie können so viele Menschen
miteinander leben?
Wie können Kriege, Feindschaften, Gewalt
ein Ende finden?

Dieses Evangelium der Liebe ist noch immer
das Evangelium der Torheit,
weil es um eine Liebe geht, die schwer ist,
die vom Kreuz gezeichnet ist.
Wer diese Liebe gewählt hat,
gibt seine eigene Macht auf,
nimmt den letzten Platz ein
und stellt sich in den Dienst von allen.

# Es ist unglaublich

Es ist eigenartig.
Du kannst das Evangelium
oft lesen, jahrelang,
ohne dass es dich
wirklich in der Tiefe anspricht.
Bis eines Tages ein Licht aufgeht.
Bis dich aus einem
hundert Mal gelesenen Text
Worte so heftig berühren
und dein Herz überwältigen,
dass du vor Freude außer dir bist.
Jubeln möchtest du und danken,
dass Gott dich angesprochen hat.

*Es ist unglaublich,*
*was im Evangelium steht,*
*aber wenn du daran glauben kannst,*
*bekommt das Leben*
*einen tiefen Sinn.*

Die zweitausend Jahre alte Botschaft
des Evangeliums ist nicht etwas,
was nur besonders begabte, auserlesene,
eingeweihte Leute verstehen.
Das Evangelium ist keine Geheimsprache,
die mit komplizierten Methoden
von klugen Köpfen entschlüsselt werden muss.

Das Evangelium wird von Menschen verstanden,
die ein lebendiges Verhältnis dazu haben:
Arme und Kinder.
Die Reichen, die Mächtigen, die Besitzenden
begreifen davon nichts.

Die Armen und die Kinder.
Sie besitzen den Schlüssel zu dieser inneren Sprache.
Sie hören Gott sprechen.
Für sie ist das Evangelium keine Moral,
sondern eine gute Nachricht,
eine Botschaft voller Freude.

*Wer nicht wird wie ein Kind,*
*versteht davon nichts.*

## IDEOLOGIE

Ich lehne jede Weltanschauung,
jede Ideologie und jedes System ab,
in denen für behinderte
und unheilbare Menschen
für missbrauchte und entwurzelte
und gescheiterte Menschen kein Platz ist,
in denen die Letzten
niemals die Ersten sein können.

In einer Ideologie
müssen die Menschen meist
den Lehrsätzen weichen.

Im Evangelium kommt zuerst
der Mensch.

# Liebe

Entwertung eines Wortes.
Liebe ist in allen Sprachen das Wort,
das am meisten missbraucht und entstellt wird,
das am meisten zur Tarnung
von verdächtigen Füllungen dient.
Das schönste und edelste Wort
hat abgewirtschaftet.
Es ist zu einer Hülse für alles und jedes geworden.

*Die Liebe des Christentums*
*ist eine schöpferische Liebe.*

Sie bringt Menschen zum Leben,
zu voller menschlicher Entfaltung.
Wenn du einen mit der Liebe Gottes gern hast,
dann ist es gut, dass er da ist.
Dann machst du ihn neu,
und er kann wachsen und blühen wie eine Blume,
die sich im Sonnenlicht voll entfaltet.

Diese Liebe ist nicht ein bloßes Gefühl,
eine spontane Regung
oder sentimentale Anwandlung.
Sie ist viel mehr. Sie ist alles.

Aus dem Alten
kommt das Neue zum Vorschein,
und was tot ist,
bringt sie zum Leben.

*Liebe im Christentum heißt wesensnotwendig:*
*ein „Herz" haben für Menschen,*
*sich selbst geben für andere.*

In der Ökonomie dieser Liebe
ist man aufgerufen,
mehr als das zu geben, was man besitzt.
Man muss sich selbst geben.
Das ist das größte Wagnis
des menschlichen Herzens.
Diese Liebe macht den Menschen frei,
frei von der Verkettung an Geld und Besitz,
frei von der Verschlossenheit in sich selbst.

Erst wenn die Liebe
im Herzen der Menschen wohnt,
ist es möglich, dass Menschen
wieder sinnvoll von Gott reden
und einander verstehen.

*Liebe im Christentum,*
*das ist eine äußerst schwere Aufgabe.*
*Sie ist schwach und nicht blind.*
*Sie setzt Dinge voraus,*
*die heute nicht groß in Mode sind.*

*Diese Liebe ist kein Luxusartikel*
*für sanfte Leute und kraftlose Typen.*

Es ist mit ihr nicht wie mit Sommersprossen,
die der eine bekommt und der andere nicht
und um die man sich nicht kümmern muss.
Sie ist viel mehr als die Solidarität
in Vereinen, Parteien, Organisationen,
wo man sich gegenseitig schätzt und nützt.
Sie verkümmert nicht zur negativen Haltung:
nichts Böses wünschen, nichts Böses tun.

Sie besteht nicht in passiver Verträglichkeit.
Sie ist kein Herumstudieren am Mitmenschen,
ob er wohl der Liebe würdig ist.

*Es ist eine Liebe ohne Vorbehalt.*

Teilhaben und teilnehmen an der Freude,
an den Leiden und Sorgen der anderen,
Tag für Tag aufs Neue,
auch wenn es im täglichen Umgang
mörderisch schwer sein kann,
Hochachtung und Sympathie zu bewahren.

*Liebe im Christentum,*
*das ist die Liebe Gottes,*
*die Mensch werden will in Menschen.*

Diese Liebe ist
uneingeschränkt und uneigennützig.
Sie setzt Entsagung voraus,
Verzicht auf gute Dinge zugunsten anderer.
Sie setzt Anspruchslosigkeit voraus,
Einfachheit und Hingabe.

Diese Liebe besitzen wir,
wenn uns das Leiden anderer wehtut,
wenn wir den Hunger anderer
am eignen Leibe fühlen,
wenn uns die Einsamkeit, die Angst und die Not
der Kleinsten und Schwächsten
das eigene Herz zerreißt.
Mit dieser Liebe sind wir niemals fertig.
Sie verlangt eine ständige persönliche Umkehr.

*Das ist die Liebe,*
*die Jesus zum Gebot machte.*
*Sie geht über unsere gewöhnlichen*
*menschlichen Kräfte hinaus.*

## LIEBE

Liebe sucht überall das Gute,
Liebe ist nicht neidisch,
Liebe prahlt nicht.
Liebe bildet sich nichts ein.
Liebe gibt nicht, weil es schön aussieht.
Liebe sucht nicht nach sich selbst.
Liebe lässt sich nicht verbittern
und rechnet das Böse nicht an.
Sie freut sich nicht über Fehler von anderen.
Sie ist froh über das Gute, das geschieht.
Liebe erträgt alles,
Liebe glaubt alles,
Liebe hofft alles,
Liebe duldet alles.
Die Liebe hört niemals auf.

PAULUS

# Gott auf der Seite des Menschen

*Im Christentum*
*ist Gott kein Konkurrent des Menschen.*

Die Mündigkeit und Autonomie des Menschen liegen auf der Linie von Gottes Plan mit der Schöpfung. Im Christentum hat Gott den Menschen in die Mitte gestellt und ihm Erde und Himmel zu Füßen gelegt.

*In Jesus hat sich Gott*
*für den Menschen entschieden.*

In Jesus hat er sich radikal auf die Seite der Menschen gestellt, vor allem der Schwachen und Armen. Im Leben, Leiden und Sterben Jesu ist Gott den Menschen und allen ihren Lebensverhältnissen aufs innigste nahe gekommen.

*In Jesus hat ein allmächtiger Gott*
*seine Allmacht gekreuzigt,*
*um allen Menschen aller Zeit zu sagen,*
*dass er sie gern hat*
*und dass sie der Mühe wert sind.*

*Im Christentum gibt Gott sich zu erkennen*
*als der größte Humanist aller Zeiten.*

Der Gott des Christentums
ist ein liebender Gott,
der von seiner Allmacht keinen Gebrauch macht
aus Hochachtung vor dem Menschen,
dem er alles in die Hände gelegt hat.

Dieser machtlose Gott
ist auf der Suche nach dem Menschen,
weil allein der Mensch imstande ist,
Gott wieder Zugang zur Welt zu verschaffen,
dass seine Liebe wieder mächtig
und das Angesicht der Erde neu wird.

Aber der Mensch ist auf der Flucht.
Er flieht vor Gottes Liebe.
Er schottet sein Herz ab
mit dicken Mauern aus Materie,
aufgeschichtet aus tausend nichtigen Dingen.

Wenn der Mensch alles loslassen kann,
um mit leeren Händen nach Gott zu greifen,
wird er in seinem Inneren Frieden finden
und eine Freude erfahren,
die er nicht für möglich hielt.

## Das Paradox des Christentums

Das ist die Frohe Botschaft,
dass alles umgekehrt wird.
Mit Jesus verändert sich alles.
Alles wird auf den Kopf gestellt.
Mächtige holt er vom Thron herunter,
und Geringe werden hochgestellt.
Die Armen überhäuft er mit Gaben,
und Reiche schickt er leer weg.
Die Ersten werden die Letzten sein.
Die Letzten werden die Ersten sein.
Wer sein Leben verliert, wird es finden.
Wer sein Leben findet, wird es verlieren.
In den acht Seligkeiten
werden alle gepriesen, die in dieser Welt
nicht zu ihrem Recht kommen.

*Christentum*
Die Macht Jesu, des Gekreuzigten.
Anders als die Macht des Geldes
und der Waffen.
Jesus, ein Gekreuzigter
zwischen zwei Verbrechern,
den Sündern völlig gleichgestellt,
von Gott verlassen,
dessen Nähe er angekündigt hat
in Wort und Tat
und in seiner eigenen Person.

*Ein völliger Fehlschlag*
Erstaunlich für eine Botschaft,
die die Menschen erlösen will.
Einmalig in der religiösen Geschichte
der Menschheit. Kein Mensch wäre je
auf den Gedanken gekommen,
so etwas Profanes wie eine Hinrichtung,
wie den jämmerlichen Tod
eines Sklaven und Rebellen
mit einer religiösen Bewegung
in Verbindung zu bringen.

*Jesus. „Seht da, diesen Menschen.“*

Nicht Apollo, ein Prachtwesen, ein harmonischer Supermensch. Nicht Dionysos, ein Triebwesen, das seine Leidenschaften auslebt. Kein Superstar aus dem Film. Sondern ein verwundbarer Gott, der sich den Menschen ausliefert und in dem Feuer seiner Liebe alles neu schafft und vollendet.

*In der Ohnmacht*
*des leidenden und sterbenden Jesus*
*offenbart sich*
*die Macht der Liebe,*
*die Macht Gottes,*
*der im Feuer seines Geistes*
*Menschen und Dinge neu erschafft*
*und neu macht und vollendet.*

Die Machtlosen, die einfachen Gläubigen, die betenden Menschen – sie wissen darum. Kranke und Behinderte – sie sind uns voraus. Es ist ihr Charisma. In ihrer Machtlosigkeit und Hingabe entwickeln sie wie Jesus eine Energie, die Menschen nachdenken lässt und zur Besinnung bringt.

*Jesus.*
*Gott kommt zum Durchbruch*
*auf einem kalten Planeten.*

Ärmer als die Ärmsten, ohne die Hilfe von Wissenschaft und Technik, ohne weltumspannende Nachrichtensatelliten hat Jesus mit seinen Worten die Welt schockiert. Das Zeugnis seines Lebens und Sterbens ruft jede Generation zur Besinnung und Nachfolge.

Die Welt hat sich seit Jahrtausenden in einem tödlichen Kreislauf festgefahren. Gewalt verlangt nach Gewalt. Böses ruft Böses hervor. Ein Unrecht folgt auf das andere. Eine endlose, sinnlose Spirale. Man will alles mit Gerechtigkeit lösen. Aber Gerechtigkeit durchbricht den Kreis nicht.

*Das Wunder:*
*Vor zweitausend Jahren kam plötzlich einer,*
*der den Todeskreis durchbrochen hat,*
*der allein einen neuen Weg einschlug,*
*einen fremden Weg,*
*den Weg einer wahnsinnigen Liebe:*
*den Weg der Vergebung.*

## Der Weg der Vergebung

Man kann bei Humanisten,
Philosophen und religiösen Denkern
aller Zeit suchen,
nirgends wird man
die Botschaft einer Liebe finden,
die so tief geht,
die über alle menschlichen Erwartungen
so weit hinausgeht
wie die Botschaft des Christentums,
die in Jesus von Nazaret verkörpert ist.

Sein Leben und seine Botschaft
sind jedoch im Laufe der Geschichte
so verzeichnet, so entstellt worden,
durch Menschen, die sich „Christen" nennen,
dass sich Unzählige abgewandt haben.

*Der Weg der Vergebung,*
*das ist die verrückteste Liebe.*
*Vergeben gehört zum Kern des Christentums.*
*Die Feinde lieben und vergeben.*

Das ist einmalig und unbegreiflich. Eine unmögliche Aufgabe. In der sozialen, wirtschaftlichen, politischen und selbst religiösen Welt ist „Vergebung schenken“ nicht in Mode. Menschen lieben, weil sie so liebenswert sind, läuft auf ein Fiasko hinaus. Es wäre eine Illusion, einen Menschen auf Dauer lieben zu wollen im Namen einer abstrakten Idee, einer Ideologie, einer „allgemeinen Wohlfahrt“ oder „im Namen der Menschheit“. Den Feind lieben und vergeben, das Böse mit Gutem vergelten wäre Unsinn ohne einen tieferen Beweggrund.

Der Christ findet diesen Grund in der Person Jesu. Der Christ liebt den Mitmenschen durchaus als „Mensch“ um dessen eigener Würde, Größe und Schönheit willen, aber wenn der Mensch sich festgefahren hat, eingeschlossen in einen tödlichen Kreis von Antipathie, bösem Willen, Gewalt und Hass, sieht der Christ einen Ausweg in Jesus, in seiner Botschaft, seinem Leben, seiner Person.

*Allein die Vergebung*
*ermöglicht eine fundamentale Veränderung*
*im menschlichen Verhalten.*

Vergebung verlangt Mut,
Wagnis und schöpferische Fantasie.
Vergebung schenken
ist die beste und wirksamste Strategie
für einen Menschen, ein Volk, eine Nation,
um in Frieden zu leben
und in einer Welt voller Gewalt zu überleben.
Vergebung kann zusammengehen
mit allen Formen von gewaltlosem Widerstand.

*Die Vergebung,*
*auf weltweite Verhältnisse übertragen,*
*wird die größte Revolution*
*aller Zeiten einläuten.*

# Ich glaube an den Gott des Christentums

*Ich glaube an Gott,*
*so wie er sich in Jesus geoffenbart hat,*
*so wie er in Jesus sichtbar geworden ist.*

Ein Gott, der Arme und Sünder liebt
und der sich nur aufregt
über Scheinheilige und Heuchler.
Ein Gott, der eine Ehebrecherin
vor der Steinigung rettet,
der das verlorene Schaf auf die Schultern nimmt
und den verlorenen Sohn in die Arme schließt.

Ein Gott, der seinen Verräter küsst
und dem guten Schächer das Paradies gibt.

Ein Gott, der denen vergibt,
die ihn kreuzigen.

*Weil sich Jesus den Armen,*
*Schwachen und Sündern zuwendet,*
*wird er von den Großen*
*und Mächtigen der Erde verworfen.*

Er hat das Ansehen der Priester und Leviten durch das
Gleichnis vom barmherzigen Samariter untergraben.

Er hat die Autorität der Pharisäer und
Schriftgelehrten unterhöhlt.

Er hat das Gesetz auf vielerlei Weise übertreten.

Er heilte am Sabbat, er fastete nicht und
hielt die gebräuchlichen Reinigungen nicht ein.

Er aß und trank mit öffentlichen Sündern und
mit verachteten Zöllnern, die das Volk ausbeuteten.

Er nahm eine Prostituierte in Schutz,
er ließ sich von ihr die Füße salben und küssen
vor den Augen seines Gastgebers und aller Gäste.

Er brachte durch seine scharfe Kritik an den Reichen
die ganze bestehende Ordnung in Gefahr.

*Jesus brachte einen ganz neuen Wertmaßstab.*

# Christentum ist keine Zwangsjacke

Das Neue im Christentum besteht
in einer Form von „Vollkommenheit“,
die mit dem strengen Einhalten
einer Fülle von Gesetzen und Vorschriften
nichts zu tun hat,
sondern alles mit Güte und Vergebung,
mit dem Lernen der Liebe zu Feinden
und mit dem Hören auf das Wort dessen,
der uns wie ein Vater
und wie eine Mutter liebt
und der in unserem Herzen spricht.
Christentum ist keine Zwangsjacke,
die einem die Luft abdrückt,
und kein enges Korsett, in dem man erstickt.
Im Christentum kannst du dich
frei bewegen.
Das Christentum erlaubt dem Menschen
das Leben zu genießen.
Es gibt nur ein alles umfassendes Gesetz:

*Liebe.*

Christentum ist kein Perfektionismus.
Du brauchst nicht der Beste
und nicht der Erste zu sein.
Du brauchst kein Supermensch zu sein.

*Christliche Vollkommenheit*
*hat nichts mit Perfektionismus zu tun,*
*mit der exakten Befolgung von Gesetzen.*

Wenn du im Christentum
gebunden bist,
dann mit dem Band der Liebe.
Im Christentum kannst du
Fehler und Schwächen haben.
Du wirst aufgerufen,
ein guter Mensch zu sein,
und du kannst siebzig mal siebenmal fallen.
Beim Gott des Christentums
ist auch der Sünder willkommen.
Nur wer nicht guten Willens ist
und sich ganz bewusst
für das Böse entscheidet,
schließt sich selbst aus.

## Liebe und tu, was du willst

*Das Christentum ist seelisch gesund.*
*Es entfaltet den Menschen.*
*Es macht ihn frei von Ängsten*
*und unsinnigen Begierden.*

Das Christentum ist ein Befreiungsprozess, der sich in erster Linie im Menschen selbst vollzieht. Ein Christ ist ein freier Mensch. Ein Mensch, der sich von tausend irdischen Fesseln freigemacht hat, um sich für Gott allein zu entscheiden und in Gott für alle Menschen, vor allem für die Schwachen, Armen und Ausgestoßenen.

Das Christentum ist eine Therapie für Menschen dieser Zeit. Es ist eine gesundmachende, eine seligmachende Religion. Das Christentum ruft Menschen zur Umkehr, zu einem neuen Lebensstil. Es wirkt entmaterialisierend. Es macht den Menschen psychisch so gesund, dass er genießen kann. Das Genießenkönnen ist ein Zeichen echter geistiger Gesundheit, aber dieses Genießen verlangt Zucht, Verzicht, Nüchternheit. Man muss seinen Geschmack entwickeln. Der Mensch, der nüchtern geworden ist, lernt die echten Lebensfreuden verkosten.

Wenn wir freiwillig Abstand halten, werden wir innerlich gereinigt. Wenn ich nichts mehr besitze, werde ich alles genießen können. Dann wird wahr, was Augustinus sagt: „Liebe und tu, was du willst."

Der Sinn des Christentums,
die einzige Existenzberechtigung
der Christen liegt darin,
von Generation zu Generation
Gottes Güte und Liebe,
Freigebigkeit und Vergebung weiterzugeben
an Menschen aller Rassen und Sprachen
und aller Richtungen.

*Das Christentum*
*muss die Liebe Gottes*
*auf Erden sichtbar, spürbar*
*und greifbar machen.*

Gott wirkt nicht
aufgrund des perfekten Managements
vor religiösen Organisationen
und kirchlichen Apparaten.

*Gott ist und kann nur dort*
*wirksam gegenwärtig sein,*
*wo Menschen*
*seiner Liebe Hände und Füße geben*
*und die Wärme*
*ihres eigenen Menschenherzens.*

Alles hängt zusammen:
Glaube an Gott,
Glaube an den Menschen,
Glaube an das Leben.
Alles hängt zusammen
mit Lieben und Geliebtwerden.

Wer niemals geliebt wurde,
wer niemals Liebe erfahren hat,
für den ist es schwer,
an einen Gott zu glauben,
der Liebe ist.
Denn allein in der Liebe
wird Gott fühlbar und erfahrbar.
Allein in der Liebe
können Menschen
zum Glauben kommen.

## Das Zeichen des Christentums

Das Zeichen des Christentums ist nicht eine prächtige Kirche oder Kathedrale mit goldenen Gewändern und silbernen Verzierungen, mit einer erhebenden Liturgie und schöner Musik.

Das Zeichen des Christentums ist die Machtlosigkeit, die Kleinheit, die Verletzbarkeit, ist noch immer das Kreuz, an dem ein Mensch Tag für Tag, Tropfen für Tropfen sein Leben still dahingibt.

Das Zeichen des Christentums ist überall, wo Menschen sich bewusst an die Seite von Armen und Schwachen stellen und uneigennützig Sorge tragen für Menschen in Not.

Das Zeichen des Christentums ist überall, wo Liebe sichtbar, spürbar und greifbar wird in einem menschlichen Leib, in einem menschlichen Herzen, im Bewegen von Händen und Füßen, im Hören und im Sprechen und im Licht der Augen.

*Christen sind berufen,*
*die liebsten Menschen der Welt zu sein.*
*Das Zeichen des Christentums*
*erscheint in Mutter Teresa.*

In Mutter Teresa (1910 – 1997) ist Gott für die Parias sichtbar spürbar geworden. In Mutter Teresa sehe ich eine Explosion von Gottes Liebe in einer Welt voller Lieblosigkeit, Unfriede und Hass. Ihr Leben ist eine Anklage für die Blinden dieser Zeit, die nur Augen haben für das Geld, Augen für die Macht, aber die Not der kleinen Menschen nicht sehen.

Mutter Teresa, eine kleine arme Frau. Sie war klein genug, um Gott große Dinge tun zu lassen. Mutter Teresa, eine kleine arme Frau, ohne Überheblichkeit in Gottes Liebe verloren, eine kleine Schwester, die auch heilen konnte, eben deswegen, weil sie klein und arm war. Mutter Teresa, eine kleine Schwester, die mit jedem Sterbenden starb und Tausende zum Leben brachte. Eine Frau, in der Gott sichtbar, spürbar und greifbar wurde für die Ärmsten der Armen und für die ganze Welt.

*Das Zeichen des Christentums*
*erscheint in unzählig vielen stillen Menschen,*
*die sich überall in der Welt einsetzen*
*für Frieden und für das Wohlergehen*
*von zertretenen Mitmenschen.*

## Die Frage nach einer christlichen Weltanschauung

Die Frage nach einer christlichen Weltanschauung ist eigentlich die Frage nach einer menschlichen Weltanschauung, die Frage nach dem Wohl konkreter Menschen und nach dem Schicksal der Armen und Machtlosen.

Wie geht es den Geringsten,
den Hilflosen, den Minderheiten
in unserer eigenen Gemeinschaft
und in der Welt?

*Was ihr*
*dem Geringsten getan habt,*
*das habt ihr mir getan.*

Es ist die Frage nach der Liebe unter uns,
nach dem Herz in dieser Gesellschaft,
nach dem Maß der Menschlichkeit
in unseren politischen, sozialen
und wirtschaftlichen Verhältnissen.

Es ist die Frage nach der Ehrfurcht
vor dem menschlichen Leben,
nach der Ehrfurcht vor dem Menschen,
nach der Ehrfurcht vor seiner Lebenswelt
und vor der ganzen Natur.

Es ist die Frage nach der Gewalt bei uns.
Warum werden Hände zu Fäusten?
Warum so viele Waffen?
Warum regiert in dieser Welt
das Recht des Stärksten.
Es ist die Frage nach Gerechtigkeit
und Frieden
und nach der gerechten Verteilung
der Güter der Erde.

Das Christentum ist in die Welt hineingewachsen, ging mit den Menschen mit und begann, Geschichte zu machen von Jahrhundert zu Jahrhundert. Die ersten Christen lebten in einem glühenden Glauben an eine Botschaft der Freude.

Die erste Kirche war ein offenes Haus. Menschen kamen zusammen wie eine Familie, und man sagte von ihnen: „Seht, wie sie einander lieben."

Allmählich eroberte das Christentum die westliche Welt und wurde eine Macht, eine große weltliche Macht mit viel Reichtum. Auf Lehrsätze und Strukturen wurde großer Wert gelegt, und die Botschaft der Freude erstarb in Glaubensstreitigkeiten, in endlosen Diskussionen auf hohem Niveau, die Fremdheit und Zerrissenheit mit sich brachten. Dann folgte die Erstarrung in strenger, übersteigerter Rechtlichkeit. Die Botschaft der Freude erstickte in einem Panzer von Gesetzen, Paragraphen, Vorschriften und Verordnungen, für die sich kein Mensch erwärmen kann. Die Früchte des Geistes – Liebe, Freude, Friede – wurden verschüttet durch eine Lawine von kirchlichen Auseinandersetzungen.

Das Evangelium wurde verraten, in Fetzen gerissen und mit den Bruchstücken in Kirchen und Kapellen eingeschlossen. Immer wieder sagten Christen den Krieg an: nicht ihren eigenen Lastern, sondern den Andersdenkenden, den religiösen und politischen Gegnern. Die Unverträglichkeit wurde auch in den eigenen Reihen groß. Die einen verkündeten ihre eigene neue Sicht von Religion und Kirche ohne die geringste Achtung vor den anderen, die an der alten Sicht festhielten. Man begann, sich gegenseitig zu zerfleischen und alles zu zerteilen in Gruppen und Lager, Flügel und Fronten.

Man suchte Konfrontation und Polarisierung und entwickelte Strategien, wie die eigene Sicht am besten durchzusetzen sei. Man setzte sich auf den Richterstuhl. Man bekleidete sich mit Unfehlbarkeit, um jeden und selbst die höchsten Amtsträger zu beurteilen und zu verurteilen.

*Das Christentum wird*
*einzig und allein*
*durch Menschen überleben,*
*die die Liebe praktizieren,*
*und durch die unvernünftigen Zeugen,*
*die in der Liebe übertreiben.*

# Das Einzige, was ein Christ zu tun hat

Christen sind
unter ihrem Niveau geblieben.
Sie haben Gott für die Sonn- und Feiertage
in Kirchenmauern eingefangen.
Sie haben zu wenig
für ihr eigene Bekehrung gebetet.
Sie haben Gott
als eine Waffe gegen Mitmenschen
gebraucht und missbraucht.
Sie haben zu viel
nach dem Einsatz seiner Macht gefragt
und zu wenig nach der Gabe seines Geistes.

*Das Einzige,*
*was ein Christ zu tun hat:*
*dass die „Menschlichkeit" Gottes,*
*die „Güte" und die „Liebe" Gottes*
*Gestalt annimmt*
*in einer lieblosen Welt,*
*wo so viele Menschen*
*vor Kälte sterben.*

Mehr als Propheten, die Bannflüche aussprechen, mehr als Experten für Lehre und Recht, mehr als Theologen, Amtsträger und Autoritäten braucht die Welt heute Zeugen. Ich frage mich, ob das Evangelium, um für einfache, gewöhnliche Menschen Nahrung zu sein, so sehr destilliert werden muss. Man kann die Botschaft wissenschaftlich so zerstückeln, dass sie ganz ungenießbar wird.

Es ist ein trauriges Antizeugnis, dass so viele Christen mit der Frohen Botschaft nicht froh werden und sich so wenig am Leben freuen. Stattdessen sucht man Strukturen und Organisationen intakt zu halten, aus denen Geist und Begeisterung entwichen sind. Stattdessen erschöpfen sich hochkomplizierte Studien mit Untersuchungen über das Gottesbild der Gegenwart und über die soziologischen und psychologischen Auswirkungen der Religion.

*Allein die Liebe vermag*
*Gott wieder sichtbar zu machen*
*und Menschen zu helfen,*
*an Gott zu glauben.*

## Ökumene

Die erste und allerwichtigste Aufgabe
der Kirche und aller Kirchen ist
Menschen zusammenbringen und in
Liebe vereinen,
und das nicht im Namen einer Lehre,
wie erhaben und schön auch immer,
sondern im Namen eines Gottes,
der Liebe ist und allein Liebe will
und darum in Jesus so ausdrücklich
und so eindringlich um Liebe bittet.

Kirchen dürfen Menschen nicht aussondern,
nicht einteilen in Gute und Schlechte,
in solche, die die Wahrheit besitzen,
und andere, die sich irren.
Kirchen müssen für alle offen stehen.
Kirchen müssen Magnete sein,
unwiderstehliche Magnete der Liebe.
Ökumene ist nicht möglich durch Diskussion.
Sie vollzieht sich dort von selbst,
wo Menschen mit ihrem Herzen
einander in Gott gefunden haben.

## Warten auf Jesus

Wenn ein Mensch in Not ist, hat er nichts von einer schönen Botschaft, nichts von politischen Positionen, sozialen Programmen und revolutionären Manifesten, wenn keine Menschen da sind, die den Worten Taten folgen lassen, Menschen, die helfen, die bei ihm bleiben, die ihn der Mühe wert halten.

*Was ihr dem Geringsten getan habt,*
*das habt ihr mir getan.*

Es gibt noch so viel Not, es gibt im Dunkel verschlossener Häuser noch so viele vergessene Menschen, alleinstehende, einsame Menschen, die auf einen warten, der die Tür aufmacht, der sagt, dass ihr Leben noch Sinn hat.

Sie warten auf Jesus, aber die Jünger Jesu sind meistens in Besprechungen. Ihr Telefon ist besetzt! Sie haben so viel mit dem Organisieren zu tun. Sie studieren die Probleme und diskutieren ihre Lösungen. Dass Christen sich doch bekehren, dass sie hinausgehen und an ihren Händen Gottes Liebe zu fühlen sei!

## Humanismus und Christentum

Das Leben und die Botschaft Jesu
sind im Laufe der Geschichte
in den Kirchen noch zu wenig
zu ihrem Recht gekommen
und durch Christen so entstellt worden,
dass viele Menschen darin
nur eine Karikatur der Liebe gefunden haben.
Dieses Antizeugnis hat Menschen
in ihren Erwartungen betrogen,
und viele haben das Christentum ersetzt
durch einen Humanismus,
der die vergessenen Werte des Christentums
wieder in den Vordergrund stellte.
Es entstanden unnötige Spannungen
zwischen Humanismus und Christentum.

Menschen sitzen an einem verkehrten Problem.
Sie müssen nicht wählen
zwischen Christentum und Humanismus.
Es kann kein Gegensatz bestehen
zwischen einem gesunden Humanismus
und einem gesunden Christentum.

Ein guter Humanismus
ist die beste Basis
für ein gesundes Christentum.

Wo Humanisten
sich absetzen von Christen,
weil diese gläubig sind,
ist ihr Humanismus sehr verdächtig.

Wo Christen
sich von Humanisten absetzen,
weil diese nicht gläubig sind,
ist ihr Christentum verkrampft
und verkümmert.

Und ein Humanismus,
der den Menschen
von Gott befreien will,
ist kein Humanismus mehr.

*Man kann*
*kein guter Christ sein,*
*ohne ein guter Humanist*
*zu sein.*

## Ich liebe das Christentum

Ich liebe das Christentum.
Ich liebe den Gott des Christentums.
Den Gott der Kleinen, Armen und Schwachen.
Den Gott des Franz von Assisi,
des kleinen Bruders ohne Ansprüche,
der jeden und alle liebt
und der übertreibt in der Liebe.
Den Gott des Martin Luther King,
des Romero, Kolbe und des Hélder Câmara.
Den Gott aller wunderbaren Menschen,
aller Frauen und Männer,
die die Erde bewohnbar machen
und den Himmel in ihrem Herzen tragen.

*Christentum:*
sich für den Menschen entscheiden.

*Christentum:*
Abstand nehmen von Macht und Besitz.

*Christentum:*
Partei ergreifen für Arme und Ausgestoßene.

*Das Christentum, eine Botschaft der Freude.*
*Die Religion von morgen.*

*Christentum:*
Das Kommen von „Licht“
in die Nacht dieser Zeit.
Das Kommen von „Frieden“
in das Herz der Menschen.

Das Kommen von „Freude“
in alles Leid hinein.
Das Kommen von „Leben“
in eine sterbende Welt.
Das Kommen von „Liebe“
in eine liebelose Gesellschaft.

*Christentum:*
Das Kommen Gottes
in Menschen von Fleisch und Blut.

## III. Uralte Fragen ohne Antwort

*Wenn Gott existiert,*
*wenn Gott Liebe ist,*
*warum dann so viel Leiden, warum Sterben,*
*warum so viel Böses in der Welt?*

Diese Frage ist
so alt wie der Mensch selbst.
Es ist die schmerzliche Frage,
mit der die Menschen aller Generationen
konfrontiert werden.

Mach dich mit dieser Frage auf den Weg
durch die Jahrhunderte
und durch alle Straßen der Menschen.
Klopf an die Tür der größten Philosophen
und stelle sie den berühmtesten Gelehrten.
Nicht ein Einziger wird dir
eine befriedigende Antwort geben.

*Du bleibst auf deiner Frage sitzen.*
*Du gehst mit deiner Frage ins Grab.*

Alles Leiden ist
ein Abbrechen von Leben,
eine Form von Sterben,
ein Stück Tod.

*Das Leid und das Böse*
*sind ein Anschlag auf das Leben.*

Das Böse ist ein Leid,
das Menschen einander zufügen,
ein Anschlag auf das Leben anderer,
eine Form von Mord.

## Wo war Gott?

Zwei Busse mit schlafenden Kindern
fahren nachts auf der Autobahn
und kommen ins Schleudern.
Ein Feuermeer.
Kinder, die in dieser Hölle verbrennen.
In Paris läuft morgens eine Mutter
wie eine Irre durch die Straßen
und schreit: „Wo war Gott heute nacht?"

*Wo war Gott?*

Der Berg hat gewartet,
bis die Kinder träumten
und die Verliebten sich in den Armen lagen.
Der Berg hat gewartet,
bis es dunkel war.
Dann brach er aus.
Mit reißenden Strömen von Feuer,
glühender Lava und kochendem Schlamm
überfiel er die Menschen,
schlug zu und tötete
in der stillen Stadt Armero.

*Wo war Gottes Allmacht*
*in der Hölle von Auschwitz?*

Wie schwach war Gottes Arm,
der Mächtige vom Thron stürzen kann?
Die entsetzlichen Bilder des Holocaust-Films
waren in die Wohnzimmer eingedrungen.
Die Menschen erstarrten.
Wie war so etwas möglich gewesen?
Nackte Menschen warteten wie betäubt
vor den Gaskammertüren.
Jemand rief im Fernsehstudio an
und fragte: „Wo war Gott?"
Und er bekam zur Antwort:
„Zwischen den wartenden Menschen
stand er und weinte."

*Warum kann die Natur*
*so grausam sein?*

Ich weiß nicht,
warum die schöne Natur
so grausam sein kann.
Ich weiß nicht,
woher die Stürme und Orkane kommen
und wer sie geschickt hat,
die Dächer von den Häusern zu reißen,
die Flüsse über die Ufer treten zu lassen,
das Land zu überschwemmen
und die Menschen zu verfolgen
mit Vernichtung und Tod.

Ich weiß nicht,
warum die Vulkane Feuer speien müssen,
warum die Erde beben und bersten muss.
Ich weiß es nicht.
Warum muss manchmal,
vor allem in den armen Ländern,
das, was Menschen
mit so viel Mühe gebaut haben,
auf sie selbst niederfallen?

## Warum? Warum?

Tag um Tag, Stunde um Stunde,
in Dörfern und Städten,
in großen und kleine Straßen,
in Krankenstationen und Großkliniken,
in Herrensitzen und Hinterzimmern
oder irgendwo am Straßenrand:
Menschen, die in tiefster Not
ihr Gesicht in die Hände vergraben,
die aufschreien
vor so viel unentrinnbarem Leid,
die fassungslos weinen
über den unerbittlichen Tod.
Warum so viel Leiden?
Warum die Lähmung?
Warum der Krebs?
Warum die Behinderung?
Warum dieser Unfall
und nie mehr gehen können?
Warum im Frühling des Lebens sterben?
Warum?

*Eine ganz simple Argumentation*
*von Menschen,*
*die nichts als Verstand haben*

Entweder: Gott will das Leid und das Böse nicht,
aber er kann es nicht verhindern.
Und dann ist er kein allmächtiger Gott.

Oder: Er kann das Leid
und das Böse verhindern,
aber er will es nicht.
Und dann ist er kein guter Gott.

Wenn Gott das Leid und das Böse
verhindern will und es auch kann,
warum tut er es dann nicht?

*Das „Warum" bleibt himmelhoch stehen.*

## Warum? Wen soll ich das fragen?

Die Wissenschaft weiß alles darüber, und sie wird uns bis ins Kleinste die genauen Ursachen unseres Leidens und Sterbens erklären. Aber was fangen wir mit solcher Antwort an?

„Eben hatte ich ihm noch eine Tasse Kaffee ans Bett gebracht", sagte die Frau, „er fühlte sich wohler. Als ich zurückkam, war er tot. Warum nur? Er war doch noch so jung!"

Plötzlich die schreckliche Trennung. Die grenzenlose Ohnmacht. Die Angst vor dem Tod steht ganz dicht neben der Freude am Leben. Der Tod ist der ewige Spielverderber, der sich in allen Lebensgenuss einmischt, der jegliche Sicherheit aufhebt und das Organ abschnürt, mit dem wir unsere Lebensfreude einatmen. Der Tod geht mit uns mit. Der Tod wohnt in unserem Leib, in unserem Haus, und wir kommen niemals von ihm los. Keiner kommt mit dem Tod zu Rande.

Die Menschen wissen keine Antwort. Darum gehen sie den tiefsten Lebensfragen aus dem Weg. Ist der Leichenzug vorbei, läuft der Verkehr weiter. Sind die Toten gezählt, die Attentate und Katastrophen berichtet, folgt anschließend der Sport und die Unterhaltungsshow.

*Ich weiß nicht, wen ich fragen soll.*

Wenn ich an das Leiden der Unschuldigen denke,
an die Gräuel des Bösen in der Welt,
wenn ich an die Toten denke
und an meinen eigenen Tod,
dann stehe ich vor dem Geheimnis.
Dann kann ich versuchen,
nichts zu denken,
zu vergessen
oder mir etwas einzureden.
Aber solange ich Verstand habe
und ein Herz
wird das „Warum" mich quälen.
Das Rätsel des Leidens und des Bösen,
das Rätsel des Lebens und des Sterbens
hängen zusammen
mit dem Geheimnis Gottes.
Aber wir leben
in einer Zeit der Verfinsterung
im Denken und Reden von Gott.
Es herrscht eine große Leere um Gott,

*Gott ist ein fremdes Licht!*

Ich werde mit Gott zum Kampf antreten.
Ich werde Gott zur Verantwortung rufen.
Ich werde schreien:

*„Warum, Gott,*
*hast du die Sonnen gelöscht,*
*die du selbst*
*angezündet hast?"*

Manchmal höre ich
in den rasenden Orkanen
und in den Stürmen des Lebens
das Krachen der Türme von Babel.
Vielleicht ist jemand da,
der die Menschen erinnern will,
dass sie klein sind, verwundbar,
der ihnen einen leisen Wink geben will,
alles zu relativieren

*im Licht der Hoffnung*
*auf eine neue Erde*
*und einen neuen Himmel.*

## Gibt es Leiden, das man hinnehmen kann?

Es gibt Leiden und Sterben,
das zur Bedingung
menschlichen Lebens gehört.
Es ereignen sich große Naturkatastrophen,
weil die Erde in Entwicklung ist,
fortwährend in Bewegung.
Eine Schuld des Menschen gibt es hierbei nicht.

Und doch. Wenn Tausende
unschuldiger Menschen
entsetzlich leiden und umkommen,
bäumt sich alles in uns dagegen auf.
Aber zuletzt ist solches Leiden und Sterben
in gewissem Sinn leichter zu ertragen
und eher hinzunehmen,
als wenn Menschen es einander zufügen.
Häufig hat das Leid die Menschen viel gelehrt
und sie einander näher gebracht.
Naturkatastrophen haben
Ströme von Solidarität ausgelöst,
über alle Grenzen und Kontinente hinweg.

*Das Böse, das Menschen einander antun,*
*sollten sie nicht Gott in die Schuhe schieben.*

Die Geschichte vom Brudermord ist eine Geschichte, die zu allen Zeiten geschieht. Wir werden täglich damit konfrontiert. Jeden Abend werden die Toten und Verletzten auf dem Bildschirm ins Wohnzimmer getragen. Man sieht, wie Menschen andere Menschen auf scheußlichste Weise quälen. Es gibt so viel Böses in der Welt, dessen Ursachen ganz klar aufzuzeigen sind und für das man Gott bestimmt nicht verantwortlich machen kann.

Durch Briefe, Telefonanrufe und viele Gespräche werde ich in einen Dschungel geführt, wo Menschen sich gegenseitig auf manchmal raffinierte Weise erniedrigen, quälen, bedrohen und oft zur Verzweiflung bringen. Wenn ich dann machtlos bei den vielen Opfern sitze, die zusammengebrochen sind, am Ende ihrer Kräfte, und sich nach Erlösung sehnen, möchte ich am liebsten in diesen Urwald rufen:

*„Menschen, hört auf damit!*
*Hört mit dem Wahnsinn auf!*
*99 Prozent von allem Leid der Welt*
*fügt ihr euch gegenseitig zu.“*

## Ist der Tod das Ende oder nicht?

Den Gedanken an Leid und Tod dürfen wir aus unserem Gesichtskreis nicht verdrängen. Das wäre kurzsichtig und beschränkt. Das wäre kein offenes, weites Denken mehr, sondern Vogel-Strauß-Politik. Alles hängt letzten Endes mit dieser Grundfrage zusammen: „Ist der Tod das Ende oder nicht?"

Wenn der Tod das Ende ist, dann bekommt mein Sterben den Charakter einer schrecklichen Verstümmelung. Wenn er nicht das Ende ist, dann bekommt mein Tod eine überraschend neue Dimension. Halte ich mir den Tod ruhig vor Augen, jenen kritischen Augenblick in meinem Leben, den ich mutterseelenallein durchmachen muss, dann stehe ich vor dem Ganzen oder dem Nichts, vor dem Sinn oder Unsinn meines Daseins, vor Gott oder der unendlichen Leere.

So wie mein eigenes, einmaliges, ursprüngliches „Ich" in der Physik, Chemie oder Biologie nicht restlos erklärt werden kann, so finde ich auch für das Geheimnis des Leidens und des Todes keine befriedigende Lösung.

*Das Einzige, was ich in der Hand habe,*
*das ist die Hoffnung.*
*Sie bewahrt mir die Freude am Leben*
*bis zu meinem letzten Atemzug.*

Ich habe einen Leib bekommen.
Ich habe das Leben erhalten
einfach so, gratis, täglich neu.

*Ich nehme den Tod nicht hin.*

Ich weiß, dass ich einmal
meinen Leib, meine Hülle zurückgeben muss,
dass dies die Menschen „Sterben" nennen
und dass viele meinen, das ist mein Ende.
Als ob die Menschen wie Abfall wären,
der unter der Erde verschwindet
oder verbrannt wird.
Amen und aus

*Das nehme ich nicht hin.*

Ich kann mich nicht abfinden
mit dem furchtbaren Schicksal
der Unschuldigen, die kaum gelebt haben,
vielleicht keinen einzigen Tag glücklich waren,
die immer und überall getreten
und zertrampelt wurden.
Ich widersetze mich einem Monsterwesen,
das alles so eingerichtet haben soll.
Das kann nicht sein.

Warum lebt in unglücklichen
und missbrauchten Menschen
noch so viel Hoffnung.
Jemand hat die Flamme angezündet
und hält sie brennend.
Es ist die Liebe, die die Flamme nährt,
und hierin offenbart sich
eine geheimnisvolle Kraft,
eine übermenschliche Kraft,
die über die Grenzen des Todes geht.

*Liebe ist stärker als der Tod.*
*Gott ist Liebe.*

# Denken an den Tod

Wir sterben jeden Tag um einen neuen Tag
und werden jeden Morgen neu geboren.
Das Leben haben wir nicht in der Hand.
Jede Stunde, jeder Schlag unseres Herzens
ist eine wunderbare Gabe.
Jeden Tag sterben wir um einen Tag
und kommen einen Tag näher
an den entscheidenden Augenblick
unseres Starts in die Ewigkeit.

Der Start eines Menschen
in den Weltraum
wird sorgfältig vorbereitet.
Er kostet viel Geld, viel Fachwissen
und die Arbeit
von vielen tausend Menschen.

In die Ewigkeit gehen
kostet kein Geld und verlangt kein Wissen.
In die Ewigkeit gehen
verlangt Hingabe, Glaube und Liebe.
Wir müssen in eine gute Bahn gelangen.

An den Tod denken,
an den eigenen Tod,
ist eine wahre Bereicherung
und wirkt befreiend.
Unsere Gedanken lösen sich
aus eingerosteten Denkgewohnheiten.
Es eröffnen sich neue Horizonte
und ungeahnte Ausblicke.
Das Leben wird intensiver.

Aus dem Leben heraus,
aus der Erfahrung
des persönlichen Daseins heraus
an den Tod denken
ist ein realistisches Denken,
ist keine Schwarzmalerei,
wenn man glauben kann
an ein ewiges Leben.

An den Tod denken
aus einer gläubigen Hinnahme heraus
ist ein Denken mit Perspektive,
ein Denken mit Zukunft,
ein befreiendes Denken.

## Keine Angst vor dem Sterben

Sterben heißt mutterseelenallein in die Nacht hineingehen. Sterben ist unheimlich, grauenvoll, wenn du blindlings in ein Land gehst, an das du noch nie gedacht hast, von dem du noch nie geträumt hast, wenn du mit tausend Banden an das Stückchen Erde hier gefesselt bist, das vergänglich ist und das viele Namen trägt. Wenn du stirbst, verändert sich alles, die ganze Welt, alles, woran du dich ein Leben lang festgehalten hast.

Sterben lässt sich leichter ertragen und hinnehmen, wenn du gelernt hast loszulassen, wenn sich dein Inneres geöffnet hat für das Geheimnis, das dich nach dem Tod erwartet. Dann spürst du, wie etwas von der neuen Welt bereits zu dir kommt, und du beginnst, alles zu relativieren, worüber die Menschen täglich streiten und klagen.

Wenn du glauben kannst, dass ein Gott da ist, der dich gern hat, nicht nur, wenn du lebst, sondern noch mehr, wenn du stirbst, dann heißt Sterben: wie ein Kind heimfinden zum Vater, in ein Land, wo alles gut ist und wo das Leben erst endgültig beginnt in einem ewigen Jetzt.

## BRIEF VON EINEM TOTEN

Ja, ich weiß es.
Du rennst mit dem Kopf durch die Wand.
Du rebellierst, bist außer dir vor Wut.
Du willst nicht wahrhaben, dass ich tot bin.
Du weinst nicht, du schreist vor Ohnmacht.
Du möchtest mir Vorwürfe machen,
dass ich gestorben bin.
Aber was kann ich dafür?
Du fluchst und tobst.
Du fluchst auf Gott und kennst ihn nicht.
Du hast mir oft gesagt, es gäbe ihn nicht.
Ich kann dir nicht helfen.
Ich kann dich nicht trösten.

Frag die Sterne,
warum es Nacht ist.
Wenn du lang genug hinhörst,
bekommst du vielleicht
eine Antwort.

## TOT

Dein Leib war warm.
Dein Leib ist kalt.
Dein Mund war so zart.
Deine Lippen sind kalt.
Deine Augen so hell und so tief,
Deine Augen sind kalt,
kleine Fenster der Nacht.

Alles wird still.
Wer wird dich noch streicheln,
noch sagen, dass er dich liebt.
Du bist so unendlich fern.
Dein Herz steht still.
Deine Füße werden steif.
Deine Arme, deine schönen Hände,
deine Augen.

Alles wird still.
Soeben warst du noch hier.
Ein Augenblick, und dein Haus war leer,
dein Leib verlassen.

Bist du nun so weit weg, unerreichbar fern?
Oder hörst du mein Rufen?
Vielleicht siehst du meine Tränen.
Ich weiß es nicht.
Warum lässt du mir deinen Tod,
und selbst wählst du das Leben?

# Warum wollte er sterben?

An einem frühen Augustmorgen, 4 Uhr 30. Ein Mann, vom Zug überfahren. An einer schwer zu erreichenden Stelle. Der junge Zugführer sagt, dass plötzlich der Mann vor ihm auf den Schienen stand und auf den Zug zulief.

Warum wollte dieser Mann sterben? Ausgerechnet am frühen Morgen eines Sommertags? Gott, für dich sind die Tage und Nächte vielleicht voll von Gästen dieser Art, die auf alle mögliche Weise der Qual des Lebens entfliehen wollten. Sei gut zu ihnen. Nimm sie gut auf. Das Leben hat ihnen zu viel Leid angetan. Gib ihnen allen und auch diesem Mann das wahre, volle Leben. Er war unbekannt, namenlos, ohne Papiere. Niemand wusste, woher er kam. Aber du, Gott, du musst ihn kennen, denn auch sein Name steht in deiner Hand geschrieben.

Der brutale, harte Schlag eines heranrasenden Zuges scheint einem Menschen manchmal die ersehnte Erlösung von einem Leben zu sein, das Tag für Tag zur unerträglichen Qual geworden ist.

*Warum lief er zu dem Zug*
*und nicht zu einem Menschen?*

## Sind Leiden und Tod Gottes Wille?

Wenn Leid und Unglück,
wenn Katastrophen
über Menschen hereinbrechen,
sagen Gläubige allzu leicht:
„Es war Gottes Wille."
Gott ist Liebe.
Der Wille Gottes
kann nichts anderes sein als:
Liebe, Güte, Freude und Friede
für alle Menschen.

Wenn wir keine Antwort
auf das Böse wissen,
wollen wir trotzdem froh sein,
dass wir in Gott eine Antwort
auf das Gute und Schöne in der Welt finden.
Das Böse ist vielleicht nicht mehr als
die Verneinung von Gutem,
die Abwesenheit von dem Guten,
von Gott.

Gott ist Liebe.
Liebe schließt Freiheit ein.
Gott kann niemand zur Liebe verpflichten.
Menschen sind selbst verantwortlich
und dürfen die Rechnung
für ihre schlimmen Sachen
nicht Gott zuschicken.

*Freiheit ist das größte Gut,*
*das Menschen erhalten haben.*
*Sie wird von Gott aufs höchste respektiert.*

Diese Freiheit erlaubt dem Menschen,
zu lieben und zu hassen.
Wegen dieser Freiheit ist der Mensch
zu den größten Opfern imstande
und zu den entsetzlichsten Verbrechen.
Ohne Freiheit wäre Gott
ein freundlicher Tyrann,
und von Liebe könnte keine Rede sein.

Gott, der um der Freiheit des Menschen willen seine Allmacht gefesselt hat, kann das Leiden nicht verhindern. Aber er will, dass aus Leid und Schmerz etwas Gutes und Schönes entsteht und dass das Böse zum Guten gewendet wird durch Vergebung und Versöhnung. Solche Prozesse können sich aber nur entwickeln und vollziehen, wenn „Liebe" da ist.

*Weil Gott Liebe ist,*
*will er machtlos sein*
*bis ans Ende der Zeiten,*
*bis zum Tag des Jüngsten Gerichts.*
*Dann spricht er das letzte Wort.*

Gott hört unser Leben lang
schweigend unserer Geschichte zu.
Er lässt uns ganz und gar freie Hand,
ohne uns irgendwie zu hindern
oder ins Wort zu fallen.
Erst beim Tod,
wenn wir völlig zu Ende geredet haben,
beginnt er zu sprechen.

*Das Leiden*
*macht die „Sinn"-Fragen*
*noch akuter.*

Die Wissenschaft kann dem Leiden und Sterben keinen „Sinn" geben. Sie hat nie den Anspruch erhoben, „Sinngeber" zu sein. Die Wissenschaft kann uns helfen, das Leiden zu erleichtern und zu verarbeiten, ohne daran seelisch zugrunde zu gehen. Nur allzu oft greifen Menschen selbst zu billigen Lösungen in Form von Tabletten, Pulvern und Betäubungsmitteln oder zu pseudoreligiösem Ersatz und nichtssagenden Worten von Berufströstern.

Die Verdrängung der „Sinn"-Fragen
ins Unterbewusstsein
ist keine Lösung.
Ein tief gehendes Unbehagen
macht sich breit,
und es wächst das quälende Gefühl
einer letzten Vergeblichkeit.

Menschen stellen Fragen.
Wenn einer weit weg, in der Ferne
krank wird oder stirbt, berührt sie das nicht.
Wenn es einer aus derselben Straße ist,
aus dem eigenen Haus,
einer, den man nicht missen möchte,
oder wenn man es selbst ist,
dann kriecht das „Warum“ aus allen Ecken.
Unausgesprochen steht es im Raum,
liegt es auf allen Lippen.

## WARUM *NICHT* ICH?

Man hatte einen jungen Vater
in die Klinik gebracht.
Krebs und keine Heilungschance.
Um die vierzig Jahre alt und drei Kinder.
Ein lieber Kerl, ein Sportskamerad,
eine Sonne zu Hause
und ein guter Freund für alle.
Ein fröhlicher Mensch, der viel lachte.
Jetzt war das Lachen
in seinem Gesicht gestorben.
Still lag er in seinem weißen Bett
und wartete mit geschlossenen Augen
wie im Koma.
Familie und Freunde standen um sein Bett.
Leise flüsterten sie,
wie schlimm es wohl sei.
Bis einer fast laut
das Wort „Warum" aussprach.
Der Mann hörte es.
Langsam richtete er sich auf und sagte:
„Warum *nicht* ich!"

# Die Weisheit eines zum Tod Verurteilten

Er hieß Jan Frans. „Ich bin der glücklichste Mensch des 20. Jahrhunderts", schrieb er nach seiner Priesterweihe. Als Mensch und Priester war Jan eine gewinnende Gestalt. Herzlich, liebenswürdig, witzig und voller Schalk eroberte er die Herzen der Menschen im Flug. Er sollte zweiundvierzig Jahre alt werden. Als er sieben Jahre vorher mit Sicherheit wusste, dass er unheilbar krank sei, zum Tode verurteilt, meinte er geradezu heiter:

„Ich hab doch in meinem Leben viel Spaß gehabt. Weißt du, wie ich mich fühle? Wie einer, der alles für die große Reise eingepackt hat, nur die Schuhe wollen nicht mehr hinein."

Oft sprachen wir über den Tod. Er hatte Bücher darüber gelesen. Wenn er sah, wie die Leute sich aufregen und abhetzen, begann er manchmal leise vor sich hin zu lachen. »Schau dir an, wie sie herumrennen, und einen Augenblick später liegen sie tot da«, sagte er dann. „Viele Dinge kann ich einfach nicht ernst nehmen, für die andere sich kaputtmachen."

„Das Haus,
das man auf die Welt baut,
ist eine Illusion."

Und eines Tages sagte er noch dies:

*„Nur die Dinge,*
*mit denen du sterben kannst,*
*sind es wert,*
*damit zu leben.*
*So viele sind das nicht."*

Für ihn waren es Gott und die Freundschaft.

„Für einen jungen Menschen besteht das Glück in Träumen, die irgendwann wahr werden sollen. Für einen Erwachsenen ist es dann eine richtige Entdeckung, dass er in der Tat glücklich ist, aber nicht, weil sich seine Träume erfüllen, sondern weil es Freundschaft gibt."

An den Tagen,
da ich im größten Elend sitze,
da ich mich frage,
wozu das Leben gut sein soll,
kann ich kein Brevier beten,
kann ich auch nicht
mit dem Psalmisten singen:
Jauchzen will ich im Herrn …
Dann kann ich es
nur ganz kurz machen
und sagen:

„Gott, hier ist mein Elend,
hier ist mein kläglicher Tag.
Wenn du etwas
damit anfangen kannst,
ist es gut,
du wirst es wohl
zu irgendetwas brauchen."

# Er hat mit Gott gerungen und gefragt: Warum?

Warum verwendet Gott den Menschen nicht so, wie er ihn gemacht hat? „Ich habe Hände und Füße und einen Kopf und kann nichts damit tun."

Wenig später verbesserte er sich: „Gott selbst hat sich in Jesus auch nicht den bequemsten Weg ausgesucht. Viele wollen gern mit ihm feiern, aber beim Rest des Weges passen sie. Es ist eine Frage des Glaubens und Wollens. Man macht es, oder man lässt es bleiben. Die letzte Zeit muss ich viel weinen. Überall ist Wüste. Kein bisschen Himmel zu spüren. Ohne Freundschaft bist du in solchen Stunden verloren. Zuletzt ist es die Ernte an kleinen Freundschaftlichkeiten und Aufmerksamkeiten, die ein Leben reich machen. Diese Dinge lassen das Übrige erträglicher werden."

„Es wird Zeit, dass ich wieder Blut bekomme. Ich bin nicht traurig. Jedes Mal, wenn das Leben mich abstoßen will, suche ich Menschen, die mich wieder anbinden. Ohne Freunde ist ein Mensch erst wirklich arm."

*Jan ist durch seine Krankheit*
*für sehr viele ein Segen geworden.*

# Es muss eine „sinnvolle“ Antwort geben

Eine Antwort kann nur dann sinnvoll
und befriedigend sein,
wenn sie umfassend und tief genug ist,
dass sie auf alle Menschen zutrifft,
dass sie dem Leben eines Mannes
einen Inhalt gibt,
der sein Leben lang im Rollstuhl sitzt,
dem Leben einer Mutter,
die ein schwer behindertes Kind hat,
dem Leben von Menschen,
die vom Schicksal verfolgt werden,
dem Leben eines Kranken,
der noch jung ist und weiß,
dass er Krebs hat.

Solch eine Antwort
finde ich nirgends,
in keiner einzigen Philosophie
oder Ideologie.

Wenn mich das Absurde
von Leid und Tod entsetzt,
wenn das Blut in meinen Adern erstarrt,
und ich ratlos nach „Sinn“ suche,
finde ich bei Gott allein
das einzige Licht und die einzige Kraft,
die das Blut in meinen Adern
wieder fließen lässt.

*Wo alle Menschen schweigen,*
*hat Gott*
*eine sinnvolle Antwort.*

Aber diese Antwort werden wir
nur ganz langsam verstehen.
Es kann Jahre dauern,
und um die volle Antwort zu bekommen,
müssen wir vielleicht selbst erst tot sein.

# Die Antwort Gottes

*Die Antwort Gottes ist „Jesus“,*
*und dieser Jesus*
*ausgerechnet mit einem Kreuz.*

Das Kreuz ist
etwas ganz Befremdendes,
beinahe Unmenschliches.
Hierdurch unterscheidet sich
das Christentum
von allen anderen Religionen.
Alle Natur- und Kulturreligionen
verweisen auf ein mächtiges
unnahbares Überwesen.
Nur das Christentum
glaubt an einen scheinbar
machtlosen Gott, an einen Gott,
der seine Allmacht gekreuzigt hat
in der Person Jesu von Nazareth.
Das Kreuz ist nichts Normales,
greifbar Naheliegendes,
was Menschen wählen würden.
Es ist eine geoffenbarte, göttliche Wahl.

Was Gott der Welt zu sagen hat, ist:
„Jesus,
und diesen Jesus
als Gekreuzigten.“

*Weil Gott Liebe ist*
*und die Menschen so unendlich gern hat,*
*wird er ein leidender Gott*

Er hat gelitten
und sich kreuzigen lassen
in der Person Jesu von Nazaret,
und bis in unsere Tage
durch alle Zeiten hindurch
leidet er das Leiden aller Menschen mit.

# Das Leiden Gottes

Der Gott des Christentums
ist hinabgestiegen
in die tiefsten Keller der Menschheit,
wo Tag für Tag
Hass geboren und genährt wird
und mit dem Hass
alle Ungerechtigkeit.

Gott ist dorthin hinabgestiegen,
wo Menschen einander
ablehnen, ausbeuten, quälen,
wo sie einander
nach dem Leben trachten.
Gott hat sich
mit allen Opfern identifiziert,
wo auch immer in der Welt.

Die Geschichte Gottes
wird geschrieben
zwischen Krippe und Kreuz.

Die Geschichte von einem,
der bei den Menschen
keinen Platz findet,
von einem Flüchtlingskind,
von einem Unbewaffneten,
einem Wehrlosen,
der verfolgt und verhöhnt wird,
gefoltert und gekreuzigt,
weil er für Arme und Schwache eintritt
mit einer Botschaft
der Güte und Liebe,
des Friedens und der Versöhnung.

Gott leidet und stirbt
noch immer jeden Tag
in jeder Lieblosigkeit, Unverträglichkeit
und Ablehnung von Menschen
durch Menschen.
Der Gott des Christentums
ist ein machtloser Gott.
Er hat sich ausgeliefert
in die Hände von Menschen.

## Das Christentum geht dem Leid nicht aus dem Weg

Das Christentum stellt sich
dem Leiden und Sterben der Menschen.
Es nimmt Angst und Not ernst,
Finsternis und Entfremdung,
Bedrohung und Schuld der Menschen.
Der Mensch braucht kein Held zu sein.
Die Botschaft Jesu ist kein Zuckerwasser,
keine Flucht aus der Wirklichkeit,
kein fauler Trost,
kein Pflaster für ein Holzbein.
Mitten in der Botschaft steht ein Kreuz.
Wir werden konfrontiert
mit der Wirklichkeit des Kreuzes
in unserem eigenen Leben
und in der ganzen Welt.
Angst und Not werden nicht beseitigt.
Schmerz und Dunkel bleiben bestehen.

Es ist keine Verdrängung.
Es ist Befreiung.
Befreiung zu einem tieferen Leben.
Zu Sinnerfüllung, zu Liebe,
zu Dankbarkeit, zu Hoffnung.

*Das Christentum*
*kennt sich aus mit dem Leiden*
*und dem Kreuz.*

Jesus geht einen einsamen Weg
durch Leiden und Tod,
im Stich gelassen
von Freunden und Jüngern.
Aussichtslos und sinnlos.
Sterbend am Kreuz,
schreit er auf
in der Todesangst aller,
die jemals unschuldig verurteilt
und hingerichtet wurden:

„Mein Gott, mein Gott,
warum hast du mich verlassen?"
Es wird finster. Er stirbt.
Er wird begraben.
Warten, einen Tag, noch einen Tag.
Scheinbar ist alles verloren.
Dann plötzlich das Licht, die Freude.

*Auferstehung.*
*Christen müssen keine traurigen*
*Kreuzträger sein.*

Wir gehen durch jedes Kreuz
zum Licht,
durch jeden Karfreitag
auf Ostern zu.
Es ist ein unbegreifliches Geheimnis,
aber es ist geschehen,
dass Menschen in der tiefsten Qual
und in der schwärzesten Nacht,
durch alles Elend und Leiden hindurch
plötzlich Gott sehen,
Gott begegnen.

So kommt es,
dass manchmal Menschen
Gott überwältigt danken
für das Kreuz,
das er ihnen zu tragen gab.

Gott kann
leidenden Menschen
dadurch Kraft und Trost geben,
dass er „Sinn" schafft,
dass er Aussicht und Zukunft bietet.

*Wenn das Leiden und Sterben*
*im Licht von Gottes Liebe*
*Sinn für dich bekommt,*
*wirst du mit allem fertig.*

Überlebende der Konzentrationslager bezeugten, dass in der Hölle von Dachau oder Auschwitz Gefangene Gott entdeckten und gerade dadurch am Leben blieben, während andere durch die unmenschlich brutalen Vorgänge so tief verstört wurden, dass sie nicht nur allen Glauben verloren, sondern damit auch den Mut und den Willen weiterzuleben.

## Es gibt Zukunft

Der Geist kann jung, frisch und lebendig bleiben in einem alt gewordenen Körper. Das ist eine große Verheißung. Es kann nicht sein, dass ein junger, frischer lebendiger Geist untergeht, nur weil das alte Gerippe von einem Leib stirbt.

*Es gibt Zukunft*
*für das wunderbare Wesen*
*Mensch!*

Wenn du alt wirst, weißt du mit absoluter Sicherheit, dass du auf den Rand der Welt zugehst und eines Tages fallen wirst, tief, schwindelerregend tief, und doch:

*Lass dich ruhig fallen,*
*denn du fällst in die offene Hand*
*und in die zärtlichen Arme*
*eines unendlich lieben Gottes.*

# Auferstehung

Die Heilung des ganzen Menschen.
In der Auferstehung
werden wir ganz neu,
bis in unseren Leib hinein.
Wir werden von allen Wunden geheilt,
auch von der tiefsten Wunde,
dem Tod.

Die Auferstehung ist
ein langsamer Prozess,
der sich erst ganz vollzieht,
wenn wir tot sind.

Die Auferstehung ist ein Heilungsprozess,
der während unseres Lebens beginnt,
wenn wir uns frei machen von Materie,
von übertriebenem Luxus und Komfort,
so dass der Geist in unserem Leib
freier, kräftiger und fröhlicher wird.

*Sterben, um zu leben.*
*Der Weg zur Auferstehung.*

## DEIN GELIEBTER LEBT

Wenn Menschen sterben,
mit denen man eins geworden war,
wenn Menschen, die mit unserem Leben
so eng zusammengewachsen waren,
losgerissen und weggetragen werden,
geht ein Stück von uns selbst ins Grab,
und es brennt in unserem Kopf
und in unserem Herzen das »Warum«,
bis einer das erlösende Wort spricht:
Dein Geliebter lebt!
Das sagt das Christentum allen,
die ratlos und verzweifelt am Leichnam
eines geliebten Menschen stehen:
Dein Geliebter lebt!
Es gibt ein Wiedersehen!

Es ist ein dürftiger Trost, nur zu sagen,
dass jemand ein guter Mensch war
und in der Erinnerung weiterleben wird.
Wenn es kein Leben nach dem Tod gibt,
wird Sterben eine schreckliche Vernichtung,
gibt es keine Möglichkeit für einen Sinn.

## Glauben an die Auferstehung

Es ist nicht möglich, dass das Leben eines Menschen in einem dunklen Loch endet. Lasst uns durch die Finsternis des Todes auf das „Licht“ schauen, das Jesus in allen Menschennächten angezündet hat.

So wie ich keine Schwierigkeit habe, anzunehmen, dass ein Weizenkorn, das in der Erde stirbt, zu blühenden Ähren und zu einem neuen Weizenkorn wird, so habe ich auch keine Schwierigkeit, zu glauben, dass das wunderbare Wesen Mensch, das auf Erden stirbt, auferstehen wird zu einem neuen Leben in einem Paradies voller Freude.

Ich glaube an die Auferstehung. Es geht nicht um das Aufstehen einer Leiche. Es geht um die Auferstehung konkreter Menschen in der Ganzheit ihres seelisch-leiblichen Lebens. Ich glaube an die allgemeine Auferstehung. Der Mensch wird neu geschaffen werden, obwohl ich mir die neue Leiblichkeit nicht vorstellen kann. Wenn wir etwas darüber sagen wollen, muss es wie in Erzählungen über Vollendung sein, über Frieden, Freude und Glück. Neue Menschen mit einer neuen Leiblichkeit in einer neuen Schöpfung.

## IV. Zeugnis eines Kleingläubigen

Wenn ich dich in mein persönliches Leben eintreten lasse, in mein Leben mit Gott und den Menschen, in die Freude über das Wunder, das ich erfahre, dann ist das nur eine stille Einladung, mit auf den Weg zu kommen, den ich gehe. Ich fühle mich so machtlos. Ich wurde gerufen, und ich merkte sehr bald, dass nicht ich gewählt hatte, sondern dass es Gottes Wahl war. Gott hatte mich in einer unbegreiflichen Liebe gewählt, die ich selbst nicht verstehen und auch nicht erklären kann.

Mein einziger Wunsch ist,
dass du eines Tages
von Gottes Liebe erreicht wirst,
denn bei Gottes Liebe
führen alle Wege zum Licht.
Menschen sind nur ganz schwache Sterne
mit einem matten Schimmer von Licht.
Gott allein ist das Licht,
und wenn du vielleicht alles aufgegeben hast,
wirst du in diesem Licht
den verlorenen Mut wiederfinden.

*Es gibt viele Wege zu Gott,*
*so viele Wege,*
*wie es Menschen gibt.*

Ich bekam den Glauben nicht von einem Bischof oder Theologen, sondern von zwei lieben Menschen, meinem Vater und meiner Mutter. Gott war selbstverständlich, denn es gab so viel Liebe und Wärme, so viel Zuneigung und Zusammengehörigkeit. Ich sah Gott nicht, aber ich fühlte ihn jeden Tag. Ich stellte mir keine Fragen.

Später wurde alles anders. Ich ging studieren, und der selbstverständliche Gott wurde zu einem riesengroßen Problem. Ich studierte Philosophie und Theologie und fing an, die Ungläubigen zu verstehen. Ich bekam Angst, Gott zu verlieren. Auf dem Weg des Studiums kam ich ihm nicht näher. Er zog sich vielfach in Nebel zurück. Aber ich glaubte weiter und suchte weiter.

Als ich eines Tages
ärmer wurde,
schwächer und machtloser,
als plötzlich
keine Zukunft mehr vor mir lag,
wurde alles einfacher.
Ich machte mein Herz
voller Verzweiflung weit auf
und verlangte glühender denn je
nach Gott.
Da geschah das Wunder.
Alles wurde mir gegeben.
Nicht ich erkannte Gott,
sondern Gott ließ sich von mir erkennen.
Er offenbarte sich,
nicht als ein Gott zum Nachdenken
oder zum Angstbekommen,
sondern als ein Gott zum Liebhaben
und zum Glücklichsein.
Ein fantastischer Gott.

# Ich hatte Glück

*Ich hatte Glück.*

Ich wurde gerufen und sollte geboren werden aus der Liebe von zwei Menschen, die einander treu blieben in guten und schlechten Tagen. Sie waren arm, aber glücklich, trotz vieler Sorgen. Bei ihnen war es gut. Ich fand ein sicheres Zuhause und wohlige Geborgenheit.

*Ich hatte Glück.*

Es war ein Segen, in einem Dorf geboren zu werden. Ich hatte keine Luxuswiege und keine komfortable Babyausstattung. Ich hatte die Brust meiner Mutter und eine Mutter, die sang. Ich hatte keine teuren Spielsachen, aber Eichhörnchen im Wald und kleine Kaninchen auf der Wiese. Ich hatte eine Schule und einen Lehrer, der uns mochte und uns darum auch mal eine Ohrfeige geben konnte. Ich bin vielen Menschen begegnet, und es waren gute, liebe Menschen, die in meinem Leben Wurzeln schlugen. Auch das habe ich erfahren als ein Geschenk Gottes.

*Ich hatte sehr viel Glück.*

Während meine Brüder ins Bergwerk gingen, konnte ich studieren und Ordenspriester werden. Ich machte mein Praktikum in Frankreich. Durch die Bewegung der Arbeiterpriester angezogen, konnte ich eine Zeit lang in einer Kriegsbaracke mitten unter Grubenarbeitern wohnen.

*Ich hatte sehr viel Glück.*

Als ich todkrank daniederlag, wurde ich von dem gastfreundlichsten Pfarrhaus der Welt aufgenommen, in einem kleinen verlorenen Dorf, wo zwei Engel mit unendlicher Geduld und liebevoller Sorge mich wieder zum Lachen brachten. Ich lag zwei Jahre lang im Bett. Eine Zeit der Stille im Schatten des Kreuzes. Eine lange Inkubationszeit, in der ich unbewusst mehr lernte als jahrelang zuvor aus Büchern. Die Ärzte verurteilten mich zu einem Wrack für das Leben. Ich war zu nichts mehr zu gebrauchen. Ein freier Mensch. Ich konnte tun, was ich gerne tat, und fand einen neuen Weg zu den Menschen, vor allem zu den armen, einsamen, vergessenen und aus der Bahn geworfenen Menschen.

Sie lehrten mich so viel, dass ich heute sagen darf: „Meine Universität war der arme, der einfache, der gewöhnliche Mensch."

*Ich hatte sehr viel Glück.*

Jetzt weiß ich:
Manche Dinge sehen aus
wie Katastrophen
und sind doch Gnaden.

*Manchmal stellen Menschen Fragen*
*nach meinem Glück.*

Es sind in meinem Leben zahllose Menschen zu mir gekommen, die solches Glück nicht gehabt haben. Sie erzählten ihre Geschichte, und ich hörte zu. Eine schmerzliche Erfahrung für mich. Sie brachten immer viele Gründe vor, warum sie sich nicht wohlfühlten. Kein Zuhause, nirgends gern gesehen, keine Freundschaft. Die Ehe zerbrochen, keine Familie, kein Halt. Keiner, der sich um sie kümmerte. Sie fragten, wie ich glücklich sein kann.

Ich versuchte dann zu helfen, einen Weg zu zeigen, Verständnis spüren zu lassen, aber meistens fand ich nicht die richtigen Worte.

Ich weiß genau, dass es immer zu tun hat
mit Liebe von Mensch zu Mensch,
mit Geborgenheit, mit Vertrauen und Hingabe,
mit Sich-selbst-Verlieren, mit Glaubenkönnen,
mit Dingen, die nicht in Mode sind.

*Für mich*
*hat alles zu tun*
*mit Gott.*

# Gott allein

Ich habe ganz deutlich erfahren,
dass Ängste und Sorgen umso kleiner werden,
je mehr man in Gott geborgen ist.
Solange man alle Hoffnung
und sein ganzes Vertrauen auf Menschen
und materielle Dinge setzt,
die so leicht verletzt sind
und so rasch vergehen,
gibt man Ängsten und Sorgen
nur neue Nahrung.

Als ich mich für „Gott allein“
entschieden hatte,
verloren viele Dinge ihre Wichtigkeit,
die als lebensnotwendig
angepriesen wurden.
Eine Umwertung der Werte kam in Gang.
Alles geriet durcheinander,
bis es die richtige Stelle einnahm.
Ich begann,
die Scheinwerte loszulassen.

Dieses Loslassen war
täglich ein neuer Anfang.
Aber je mehr ich losließ,
desto freier fühlte ich mich
und desto mehr konnte ich
alles genießen.

## Ich habe in meinem Leben Gott erfahren

Gott erfahren geht nicht so,
dass er einem
in den Arm kneifen würde.
Es ist eine viel tiefere Wahrnehmung,
ein ganz eigenes Gefühl,
das man nicht beschreiben kann.
Es ist eine Begegnung mit einem Wesen,
das man nicht sieht,
und doch spürt man seine Gegenwart,
beinahe zum Greifen nahe,
in dem tiefen Frieden
und der unaussprechlichen Freude,
die einen manchmal erfüllen.

# Gott ist verliebt in mich

Ich fühle Gott. Ich sehe Gott.
Ich höre, wie Gott
über seine Liebe zu mir spricht
in jeder Blume, die einfach so für mich blüht,
in jedem Baum, der Früchte trägt,
in jedem Vogel, der für mich singt.

Wenn ich durch die Lande gehe
und beim Frühling vorbeikomme,
dann fühle ich mich tief geliebt
in allem, was grünt und blüht,
in allem, was lebt und lacht,
in allem, was mir jedes Jahr neu
von der Erde gereicht wird
im paradiesischen Wunder der Natur.

Mit zärtlichen Händen streichelt er mich,
wenn er im Abendwind kommt,
das reife Korn in den Schlaf zu wiegen
und die Augen der Blumen zu schließen.

Im Klopfen meines Herzens spüre ich
den Rhythmus seiner Liebe,
höre ich seine sanfte Stimme.

In der Güte und Zuneigung von Menschen
fühle ich seine Liebe zu mir.
Gott ist verliebt, und alles ist Gabe.
Jede Gabe ist ein Wort Gottes,
mit dem er sagen will, wie gern er mich hat.

## IM GARTEN

An einem schönen Frühlingsmorgen
stand ich im Garten,
in meinem Kräutergarten.
Die Luft, die milde Sonne.
Der neue Tag.
Ich fühlte.
Das Wunder umgab mich.
Es durchströmte mich
Dankbarkeit über das Leben,
über alles Leben.
Ich sah die ersten Krokusse,
und ich wusste:
Gott streckt mir
seine Hände entgegen
voller Blumen.
Überall war Leben.
Leben war in der Luft.
Leben in der Erde.
Ich dachte:
Der Ort, auf dem du stehst,
ist heilig.
Das Paradies ist
hier in der Nähe.

## Ich bin hoffnungslos naiv

Ich höre Menschen von ferne lachen.
Ich bin ein Träumer,
hoffnungslos naiv.
Meine Erfahrungen sind reine Fantasie.
Ich mache mir etwas vor.

Die Wissenschaft ist objektiv
und weiß alles.
Der Mensch ist ein „Ding“,
ein seltsames Produkt
einer blinden Natur.
Das Weltall ist ohne Seele.

Die Sonne weiß nicht,
dass sie scheint,
und die Erde ist gefühllos.

Ich höre Menschen von ferne lachen.

## Nichts ist ohne Sinn

Ich weiß, auch wenn ich es
wissenschaftlich nicht beweisen kann,
dass die Blumen nicht einfach blühen.
Sie blühen zur Freude der Schmetterlinge,
zur Schönheit der Erde
und zur Freundschaft unter den Menschen.
Der Mond ist nicht einfach
eine Art Straßenlaterne,
sondern er steht am Himmel
für den Traum der Menschen.
Die Amsel, die an meinem Fenster singt,
hat eine Botschaft am Morgen,
und der Regenbogen,
der sich über den Himmel wölbt
und an zwei Enden die Erde berührt,
lässt mich an der Autobahn halten
wegen des Wunders seiner Farben.
Äpfel hängen am Baum,
dass Menschen sie pflücken,
und der Schnee fällt
in dicken Flocken vom Himmel,
dass Kinder sich daran freuen.

*In die ganze Natur*
*ist eine Liebe eingebaut.*

Erwarte nicht von mir,
dass ich das wissenschaftlich beweise.
Dennoch weiß ich, es ist so.
Wie könnte ich es sonst
mit Millionen anderer Menschen erfahren?
Von Generation zu Generation
ist es unauslöschlich so,
dass Menschen träumen können
und Erfahrungen machen,
für die es keine Worte gibt.

Dies zu bestreiten
ist nicht wissenschaftlich.
Eine Wissenschaft,
die das Denken und Fühlen,
das Menschliche
in der ganzen Schöpfung nicht erkennt,
verleugnet sich selbst.

## DIE BLÜTE EINES KAKTUS

Ich war sprachlos.
Ich konnte mich nicht satt sehen,
an der Pracht einer Blüte,
der Blüte eines Kaktus.
Ein ganzes Jahr lang
stand er mit seinen Stacheln
scheinbar zwecklos da,
spitzig, grantig, unberührbar.
So ließ ich ihn stehen,
er war eben ein Kaktus.
Bis auf einmal, im Mai,
aus seiner stacheligen Knolle
eine zarte Blüte herausschaute.

Lange stand ich davor,
selig und voller Bewunderung.
Es war, als ob sein ganzes Herz
mit einem Mal zum Vorschein kam,
voller Farbe und feinen Blättchen.
Noch ein paar Tage blühte er.
Wunderbar.
Von wem und für wen
diese Aufmerksamkeit?

## Gott begegnen

Gott begegnen
ist keine intellektuelle Leistung.
Es ist eine Hingabe an das Leben,
an den Ursprung allen Lebens.
Ich bin ihm begegnet.
Manchmal kam er so nahe,
dass ich ihn mit meinem Herzen sehen
und fühlen konnte.
Dann war ich begeistert.
Augenblicke von Verliebtheit.
Es gab keine Grenzen mehr,
keine Erde und keinen Himmel.
Die ganze Welt stand still.
Ich wollte alles und jeden umarmen,
weil ich Gott selbst umarmen wollte.
Augenblicke von großer Sicherheit
und von paradiesischem Glück.
Sie dauerten meist nicht lang.
Aber ich konnte weiter.
Die Öde der Wüste machte mir nichts mehr.
Ich hatte die „Oase“ erlebt.

## Ich sage jeden Tag zu Gott: „Du bist wunderbar“

*Je mehr ich das sage,*
*desto mehr Wunder*
*lässt er mich sehen.*

Mein erster Gedanke,
wenn ich aufwache,
ist Dankbarkeit.
Ich schaue nach draußen.
Der ganze Schauplatz ist wieder da,
die ganze schöne Bühne, auf der ich leben darf:
die Luft, die Wolken,
die Bäume, die Sträucher,
der Boden unter meinen Füßen,
die Wege und das Land,
die Blumen und die Vögel
und so viel Sonne …

Um mich herum
sind die Wunder des Lebens,
und das größte Wunder ist das Leben selbst.

Ich habe gelernt, wie ein Kind zu staunen,
und alles, was gut und schön ist,
voller Freude zu bewundern.
Erst wenn das Kind in mir stirbt,
sterben alle meine Träume,
und es gibt keine Wunder mehr.

Wenn ich träume
von einer Oase in der Wüste,
träume ich von einem Stückchen Paradies,
wo das Zusammensein der Menschen
Freude und eine Wonne ist.
Geld spielt keine Rolle mehr,
und keiner will einen anderen beherrschen.
Menschen sind liebevoll und gut,
ohne sich klar zu machen,
dass es so sein muss.

Es wird keiner betrogen.
Es gibt keine Diebe mehr,
aber niemand ist sich bewusst,
dass es sich so gehört.
Die Menschen halten ihr Wort
und wissen nicht, dass dies „Treue“ bedeutet.

Sie teilen alles miteinander,
ohne zu sagen, dass sie hilfsbereit sind.
Nichts wird groß aufgeschrieben,
weil es keine Heldentaten gibt.
Die sind gar nicht nötig,
denn alles ist so normal,
so selbstverständlich und natürlich,
dass die Menschen selbst nicht wissen,
dass sie in einer Oase sind.

# Oase

Ich weiß, dass in der Oase
alles am Wasser liegt
und dass eine Wüste nur blühen
und fruchtbar sein kann,
wenn Wasser da ist.
Ohne Wasser verdorrt alles,
stirbt alles.

Wenn du in der Wüste
irgendwo Wasser findest,
musst du ihm nachgehen,
um die Quelle zu finden, die Oase.

Ich weiß, dass die Oase des Menschen
in der Liebe liegt
und dass Liebe der Ursprung ist
von allen Oasen unter den Menschen,
und ich glaube, dass Gott „Liebe“ ist.

*Wasser ist Leben.*
*Liebe ist lebendiges Wasser.*

Wenn du in der Wüste des Lebens
irgendwo Liebe findest, wahre Liebe,
dann geh mit der Liebe mit,
und du kommst zum Quell aller Liebe,
zu Gott, der großen Oase
für Zeit und Ewigkeit.

Liebe ist lebendiges Wasser,
eine Urenergie,
die alle menschlichen Wüsten
fruchtbar machen kann.

## LEBENDIGES WASSER

Ich höre das Wasser in der Quelle singen.
Ich höre das Lied vom lebendigen Wasser,
wie es aufsteigt, wie es auf die Suche geht
nach dürrem Land,
nach Menschen in der Wüste,
wie es sich seinen Weg bahnt,
Bäche und Flüsse bildet.

Ich höre das Wasser jubeln und jauchzen
über jedes Herz, das aufgeht,
und über alle Menschen,
die vom lebendigen Wasser trinken
und trunken werden von Liebe.
Es stehen Blumen an allen Ufern.

Ich sehe Früchte des Geistes:
Freude, Frieden, Freundlichkeit,
Güte, Sanftmut, Geduld,
Liebe und Innerlichkeit.
Früchte für eine neue Welt.
Die Welt wird wieder bewohnbar.

*Gott ist meine Oase*

Er ruft mich aus der Wüste heraus
und will mir zu kosten geben
die Wunder in seinem Garten,
die Gaben des Herzens,
die Früchte seines Geistes.
Er bittet mich,
ein kleiner Wasserträger zu sein
in einer großen Wüste.

*Gott,*
*meine Oase.*
*Gott,*
*mein Vater*
*und meine Mutter*

Wenn ich Gott „Vater“ nenne, und ich tue es jeden Tag sehr gern, immer wenn ich das „Vater unser“ bete, dann ist er für mich ein idealer Vater, der zugleich „Mutter“ ist, und ebenso ist er für mich eine ideale Mutter, die zugleich „Vater“ ist.

*Gott ist ein wahres Zuhause, wo ich Geborgenheit finde.*

In Gott kannst du leben
und dich bewegen.
In Gott kannst du wohnen.
In ihm kannst du tief atmen.
Alles ist frisch, alles neu.
Du kannst ein- und ausgehen
und Nahrung finden
und lebendiges Wasser.
Du fühlst dich sicher.
Du lebst nicht länger in der Leere.
Du hängst nicht verzweifelt
über dem Abgrund des Nichts.

*Gott ist meine Oase.*
*Das Übrige ist Fata Morgana.*

## Oasentage und Wüstentage

Wie sehr wir auch Gott
als Oase erfahren haben,
solange wir Menschen auf Erden sind,
gibt es Wüstentage.
Wahre Oasentage sind eher selten.
Häufiger erlebst du die Welt als eine Wüste.
Leere, Dürre, Öde um dich herum.
Verlassenheit.
Gott lässt dich los,
liefert dich an deine Armseligkeit aus,
an deine grenzenlose Ohnmacht.
Raue Winde treffen dich.
Du möchtest ein Zuhause erreichen,
irgendwo tiefe Geborgenheit finden.
Greif dann mit leeren Händen nach Gott.
Bitte um lebendiges Wasser,
um den Weg zur Quelle.
Gott wird die Oase in deinem Herzen
wachsen lassen bis zum Tag deines Todes,
wenn du, von aller Wüste befreit,
endgültig hineingehst in die ewige Oase,
in Gott, der Liebe ist.

## Alles loslassen

Gott kann nur dann
eine Oase für dich sein,
wenn du selbst die Voraussetzungen schaffst.
Stille und ein großes Verlangen,
Einfachheit und Selbstlosigkeit.
Losgelöst und frei
von allen unsinnigen Begierden.
Um Gott nahe zu kommen,
um in Gott hineinzugehen wie in eine Oase,
musst du bereit sein, alles loszulassen.

Diese Bereitschaft muss
ein Leben lang andauern.
Es ist ein Lebensprozess, ein langsames
Absterben von den Dingen,
die dich mit tausend Fesseln gebunden halten.
Niemals wirst du damit fertig.
Du wirst oft fallen,
aber dieses Fallen soll dich nicht entmutigen.
Es bewahrt dich vor Überheblichkeit
und Selbstgefälligkeit,
vor Hochmut und Arroganz.

Alles Loslassen soll nicht heißen,
wir müssten allem Lebewohl sagen,
die Augen und alle Sinne zumachen
vor dem Schönen und dem Guten,
vor den Überraschungen,
den Herrlichkeiten
und dem Wunder dieser Welt.
Gerade im Gegenteil.

*Loslassen lehrt*
*besser und klarer sehen.*

Wenn man an irgendeiner Stelle festsitzt,
wird man beschränkt,
und der Horizont verengt sich.
Keiner kann mehr von der Erde genießen,
als wer die Erde losgelassen hat
und wie ein Schmetterling
die Erde besucht.

# Lebensfreude finden

Im Schatten der Liebe Gottes
habe ich Verlieren gelernt,
so verlieren,
dass ich zum Schluss
nichts mehr zu verlieren hatte.
Danach sollte ich alles gewinnen.
An jenem Tag wurde alles Gewinn.

Was ich am meisten gewann,
war Lebensfreude,
die Freude am Leben
und die Freude an Gott,
der mir alles gegeben hat.

Eine tiefe Wahrheit
steckt im Paradox des Christentums:

*Wer sein Leben verliert,*
*wird es gewinnen.*
*Wer sein Leben gewinnt,*
*wird es verlieren.*

## Wie ein unbeholfener Esel

Gott kann auf krummen Zeilen gerade schreiben. Ich habe immer den Eindruck gehabt, dass es ein anderer war, der mich bewegte. Ich war guten Willens und hatte eines Tages alles gegeben, ohne groß zu wissen, was das alles enthielt. Gott hat mich dann ernst genommen und mich häufig gegen meine Vorstellungen auf Wege voller Risiko geführt, dass ich Dinge tun und in die Hand nehmen sollte, die mir zu schwer waren und die ich lieber anderen überlassen hätte.

Ich fühlte mich manchmal
wie ein kleiner unbeholfener Esel,
der an alle Steine auf dem Weg anstieß
und schon dankbar war,
wenn er es nicht zweimal am selben Stein tat.
Ich bekam eine Narbe mit,
in der meine Schwachheit
und tiefe Armut geschrieben stand,
als eine bleibende Erinnerung
an meine vollständige Ohnmacht.

Jetzt weiß ich:
Was ich in meinem Leben
gut gemacht habe,
hat Gott in mir getan,
trotz meiner Schwäche.
Aber er gab mir dabei so viel Freude,
dass ich nur dankbar sein kann.

# Ein unmöglicher Auftrag

Ich bin ein Ordenspriester. Bei der Priesterweihe lag ich ausgestreckt auf der Erde und fühlte mich klein und nichtig vor Gott und vor dem Geheimnis Jesu, der menschgewordenen Liebe. Auch jetzt, nach so vielen Jahren, bereue ich es nicht. Ich möchte wiederum so auf der Erde liegen. Die Welt mag über mich hinweggehen und es bedauerlich finden, dass Menschen sich vor Gott so tief erniedrigen wollen. Aber man hat keine Ahnung von der Tatsache, dass Gott den Menschen umso höher stellt, je tiefer dieser sich erniedrigt.

Zum Priester geweiht werden heißt sich bis in die Wurzeln seiner Existenz Gott und den Menschen weihen, heißt seinen Leib, sein Herz, seinen Geist, seine Hände und Füße, sein ganzes Wesen zur Verfügung stellen, um Gottes Liebe sichtbar und spürbar zu machen. Ebenso stark und manchmal noch stärker können Laien von Gott ergriffen und ihm hingegeben sein.

Priester sind Menschen, die in der Wüste des Lebens Gott gefunden haben und voller Begeisterung über diesen Fund ihre ganze Freude finden in einem Leben mit und für Gott. Ein Priester kann tief glücklich sein, denn in Gott werden ihm alle Menschen gegeben, um zu lieben und geliebt zu werden.

Priester sind keine außerweltlichen, unnatürlichen Wesen, die entsakralisiert und entmythologisiert werden müssen, als ob sie halbe Götter oder heilige Gegenstände wären. Der Priester ist hundertprozentig Mensch mit allen menschlichen Grenzen, Schwachheiten, Fehlern und Sünden.

Er ist einer von unzählig vielen
ganz gewöhnlichen Menschen,
nicht extra gebacken
mit außergewöhnlichen Zutaten.
Er trägt keinen Heiligenschein
und ist nicht der Beste,
nicht der Tugendhafteste
und auch sonst nicht faltenfrei.
Er ist kein Held, kein Heiliger,
kein Gelehrter, kein Mächtiger,
kein Reicher.

Er ist ein Mann der Güte,
des Trostes,
des Lichtes, des Friedens.
Er ist der Freie, der Verfügbare.
Gott hat ihn gewählt und gerufen.

Der Priester steht vor einem unmöglichen Auftrag. Aber er weiß, dass Gott mächtig ist in den Machtlosen, stark in den Schwachen und dass Gott nicht den so genannten „Heiligen" hilft, sondern den schwachen Menschen, die alles von ihm erwarten.

Der Priester ist nicht allein von und für Gott, er ist auch wesentlich von den Menschen und für die Menschen. Er ist nicht da, um zu urteilen und zu verurteilen. Er ist bei den Menschen die sichtbar gewordenen Milde, die spürbar gewordene Güte Gottes. Er geht mit den Menschen mit, mit denen es bergab geht, und soll versuchen, sein Herz auf der Höhe zu halten. Im Bewusstsein, dass er doch immer hinter dem Anspruch zurückbleiben wird, möchte er ein Wegweiser sein und Wege zu Gott zeigen. Für Menschen, die einen Weg suchen, will er ein Weg sein.

# Ich will das Glück der Menschen, sagt Gott

Habe ich das Recht, glücklich zu sein, wenn ich täglich mit so viel Unrecht und Unfrieden konfrontiert werde, mit so viel Elend unter den Menschen? Eine Frage, die mich nicht loslässt. Ich fühle mich jedes Mal elend, wenn Menschen ihr Elend über mich ausschütten. Ich fühle mich jedes Mal machtlos, wenn ich eingetaucht werde in die grenzenlose Ohnmacht der Menschen, ein bisschen glücklich zu sein.

Wie kann ich helfen, wenn ich selbst in Elend und Machtlosigkeit versinke? Was für einen Sinn hat dann alles? Sind wir dann alle dazu verurteilt, unglücklich zu sein? Ist die ganze Schöpfung dann ein einziger Fehlgriff?

*„Wenn ich die Menschen glücklich sehe,*
*bin ich am Ziel«“, sagt Gott.*

*„Dies war der Sinn meiner Schöpfung:*
*das Glück der Menschen“, sagt Gott.*

*„Und glückliche Menschen brauche ich,*
*um andere glücklich zu machen.“*

Mein tiefster Wunsch ist,
Menschen glücklich zu machen.
Aber ich weiß und habe es oft genug erlebt:
Wenn ich selbst festgefahren dasitze
und schwere Sorgen habe,
wenn auch bei mir alle Lichter ausgegangen sind,
kann ich keinem Menschen mehr helfen.
Die Türen sind zugeschlagen.
Es wird dunkel, es wird Nacht.
Kein Licht mehr am Horizont.
Ich stehe dann selbst unter den vielen
ausweglos herumirrenden Menschen,
ebenso entmutigt, enttäuscht,
ebenso hoffnungslos.
Hände finden keine Hände mehr.
Herzen finden kein Herz mehr.

*Ich will glücklich sein,*
*um andere glücklich zu machen.*

Ich will glücklich sein
auf eine ganz einfache Weise,
denn das Glück besteht aus vielen Teilen,
und ein Teil ist immer zu kurz.

*Das Glück, das mir fehlt,*
*ist das Glück der anderen.*

Aber es besteht
eine Wechselwirkung.
Je mehr ich für andere tue
und je mehr ich mich selbst gebe,
desto freier und glücklicher
fühle ich mich.
Wenn ich mich selbst vergesse,
vergesse ich auch meine Sorgen,
und wenn ich
durch die Sorgen eines anderen
wieder in meine eigenen Sorgen zurückfalle,
sind diese immer viel kleiner geworden.

## Kontakt mit Gott

Wenn ich in Gott bin,
bete ich, was ich auch tue.
Für mich ist „Beten" eine Frage
von Liebe, Vertrauen und Hingabe,
eine glaubende, beinahe blinde Hingabe
an Gott, das unergründliche Wesen,
in dem ich mich geborgen weiß.
Ich fühle mich eingeholt
vom magnetischen Feld
eines unendlich lieben Gottes,
der mich immer weiter an sich zieht.
So ist „Beten"
etwas Selbstverständliches,
etwas ganz Natürliches,
eine Art Atemholen.
„Beten" beginnt
ganz tief im Menschen.
Und darum denke ich,
dass „Beten"
etwas ganz Persönliches ist,
so verschieden,
wie Menschen verschieden sind.

Für jeden Menschen
beginnt „Beten“, meine ich, so:
nach dem Grund suchen,
aus dem man lebt,
nach einem Wesen suchen,
das größer ist als der Mensch.
Das verzweifelte Suchen so vieler Menschen
nach dem Sinn von allem,
was da ist und was da geschieht,
ist bereits eine Form von Beten.

## WAS IST BETEN?

Mit deinem ganzen Wesen
antworten auf das unergründliche
Geheimnis einer Liebe,
die nicht vergeht,
die zu dir spricht in der ganzen Welt
und durch alle Wunder um dich her.
Was ist Beten?
Sich ansprechen lassen
und Antwort geben,
danken, sich freuen,
fragen, klagen, schreien,
schweigen, mitgehen, Ja sagen
mit Worten, Zeichen, Taten
und mit deinem ganzen Leben.

Ein Vogel ist ein Vogel,
wenn er fliegt.
Eine Blume ist eine Blume,
wenn sie blüht.
Ein Mensch ist ein Mensch,
wenn er betet.

Beten ist kein Opium,
kein Rest
altmodischer Gepflogenheiten,
nichts Automatisches:
„Etwas in den Automaten
hineinstecken, wählen,
und du bekommst,
was du gewählt hast."

Beten ist nicht
fern vom Leben.
Beten ist grundlegend,
die grundlegende Tat
deines Menschseins.
Wer betet, kann leben,
auch in dieser Zeit.

Beten verändert den Menschen.
Wer betet, wird bescheidener,
einfacher, liebevoller und fröhlicher.
Wer nicht betet,
ist wie eine Lampe,
die keinen Strom mehr bekommt.

Beten ist gesund
für Leib und Seele.
Die Ruhe.
Die Stille in deinen Gliedern.
Die Stille in deinem Herzen.
Es wird Platz gemacht
und Raum geschaffen
für die unsichtbare Welt,
für kosmische Mächte.

Der Geist, der alles bewegt,
der in dir schon da ist
und wartet,
bekommt neue Chancen.
Du wirst „Licht“ erfahren
und in dem Licht
alles ganz anders sehen.
Du wirst neu geschaffen werden.

*Beten ist eine Therapie.*
*Eine Gebetskur*
*kann Wunder wirken.*

Jeden Tag
in einem Augenblick tiefer Stille
deine Antenne auf Gott richten.
Dieser Augenblick
kann und darf und muss
manchmal eine Stunde dauern.

*Du brauchst Zeit,*
um still zu werden.

*Du brauchst Zeit,*
um deine Antenne zu richten.

*Du brauchst Zeit,*
um dich selbst leer zu machen,
um zu hören.

## Mystik

Gott, bring mich in die Stille,
in das tiefe Schweigen,
jenseits aller Worte und Gedanken,
jenseits aller Gefühle und Vorstellungen.

Mystik ist uns
ins Herz geschrieben.
Das Kontemplative
liegt uns von Natur aus.
Mystik ist ebenso natürlich
wie unser Menschsein,
doch wir lassen uns
völlig vermaterialisieren,
und alle Regungen
in der Tiefe unseres Inneren
werden verdrängt,
bis sie abgestorben sind.

Von Wissenschaft
und Technik übersättigt,
haben wir heute begriffen,
dass Fachwissen und Sachverstand
den Menschen nicht klug
und erfahren für das Leben
machen.

Uns fehlt die Weisheit,
die geboren wird,
wenn Wissen und Liebe
einander begegnen
und sich gemeinsam
auf den Weg machen.
Uns fehlt Offenheit für Mystik.
Mystik ist
ein normales,
tief innerliches Bewusstsein,
ein Erleben, das unser
rationales Erkennen übersteigt,
eine Erfahrung von Wirklichkeiten,
die weit jenseits der sichtbaren,
wahrnehmbaren Dinge liegen.

Mystik heißt
eins werden wollen
mit der ganzen Wirklichkeit,
die Gott ist.
Mystik hängt zusammen
mit intensiver Liebe.

*Liebe ist alles.*
*Gott.*

Mit Gott umgehen.
Lieben ist die reinste,
die stärkste Form von Beten,
von Gottverbundenheit.
Liebe braucht keine Worte.
Keine Fragen und keine Antworten.
In tiefem Schweigen
Gott verstehen.

So bete ich am Abend
und am Morgen.
Am Tag und in der Nacht.
So bete ich im Frühling
und im Herbst.

Im Sommer und im Winter.
So bete ich mit meinen Händen
und Füßen,
bewusst oder unbewusst,
wenn ich schlafe
oder wenn ich wach bin.

*Gott, ich liege in deinen Armen.*
*Wenn ich sehe, sehe ich dich.*
*Wenn ich fühle, fühle ich dich.*

Herr, lehre uns beten.
Das bedeutet heute:
Herr, bring uns wieder zum Leben.
Löse uns aus der Materie.
Befreie uns Geist und Herz.
Lehre uns, wieder zu lieben.
Und der Herr wird antworten:

*Wenn du betest,*
*sage: „Vater unser."*

Wer sagt:
„Vater unser“,
knüpft eine Beziehung der Liebe
zu den Mitmenschen
und zu einem höheren Wesen.

Wer sagt:
„Dein Reich komme“,
sehnt sich nach Frieden,
nach einer friedlichen Welt,
dass Gottes Liebe
auf Erden spürbar wird.

Wer sagt:
„Dein Wille geschehe“,
bindet sein eigenes inneres Vermögen
an einen höheren, mächtigeren Strom,
den Strom von Gottes Liebe,
denn Gottes Wille ist Liebe.

*Das „Vater unser“ beten*
*und leben*
*kann dich selbst*
*und die Welt verändern.*

Gott, warum nimmst du mich
in deinen Dienst
und vertraust mir
so viele Menschen an?
Warum willst du durch mich
und durch meine Worte
Menschen trösten,
ihnen einen Weg zeigen
und Geborgenheit geben?

Du hast mir so viel
in die Hand gelegt
und kannst so wenig auf mich rechnen.
Ich habe zwar viel versprochen,
aber bin so oft dahinter zurückgeblieben.
Musste ich wirklich so arm
und in meinen Augen so schwach
und machtlos werden,
um Klarheit zu bekommen,
um schließlich einzusehen
und zu bezeugen,
dass alles Gute,
was ich tue und je getan habe,
einzig und allein von dir kommt?

## Ich gehöre nicht den Menschen

Ich gehöre nicht den Menschen.
Ich gehöre allein zu Gott.
Gott allein hat alles in der Hand gehabt.
Er schickte Menschen auf meinen Weg
und gab ihnen seine Liebe,
um mich zu lieben.
Er gab ihnen seine Sorge,
um für mich zu sorgen.

Ich musste den Weg
zu den Menschen gehen,
um seine Liebe weiterzugeben
und um in seinem Namen
Sorge zu tragen
für alle, vor allem für die Kleinen,
die Schwachen und Machtlosen,
für die, die es mit dem Leben
nicht schaffen.

Wenn da Gerechte sind und Sünder,
lass mich dann
an der Seite der Sünder stehen,
weil ich ein Sünder bin.

Wenn da Arme sind und Reiche,
lass mich dann
an der Seite der Armen stehen,
weil die Armen
in deinen Augen so viel reicher sind.

Wenn da Mächtige sind und Machtlose,
lass mich dann
an der Seite der Machtlosen stehen.
Wenn da Gewaltige sind und Gewaltlose,
lass mich dann
an der Seite der Gewaltlosen stehen.

Wenn da Sieger sind und Verlierer,
lass mich dann
an der Seite der Verlierer stehen.
Wenn da Mörder sind und Opfer,
lass mich dann
an der Seite der Opfer stehen.

Lieber Gott,
in deinem Haus
werden die Ärmsten,
die Schwächsten,
die Geringsten
selig sein.

In deinem Land
werden die Letzten,
die Letzten
aus der letzten Reihe
die Ersten sein.

In deinem Reich
werden alle,
die in Liebe
ihr Leben verlieren,
es hundertfältig
wiederfinden.

## Dein Reich komme

*Gott, lass mich nicht mutlos werden.*
Wer in der Wüste den Mut verliert,
kommt nicht mehr weiter und stirbt auf
der Stelle.

*Gott, dein Reich komme!*
Deine neue Erde,
dein neuer Himmel, dein Himmel auf Erden,
wo die Schwächsten auf Händen
getragen werden,
wo die Sonne aufgeht über dem
lachenden Gesicht von Menschen,
die einander verstehen, auch wenn sie
andere Sprachen sprechen,
auch wenn sie verschiedener Hautfarbe sind.

*Dein Reich komme!*
Dein Reich,
wo auch Andersdenkende zu Hause sind,
wo es keine Linken und keine Rechten mehr gibt,
wo keiner mehr gefoltert und umgebracht wird

wegen seiner politischen Meinung,
wegen seines Glaubens oder Unglaubens,
wegen seiner Hautfarbe oder wegen gar nichts.

*Dein Reich komme!*
Dein Reich
der Liebe und Gerechtigkeit,
das Frieden durch alle Straßen fließen lässt,
die Häuser mit Frieden und Freundschaft erfüllt
und alle Leiden Trost finden lässt
in liebevollen Händen.

*Dein Reich komme!*
Dann wird nirgendwo mehr
ein Kind in der Kälte geboren,
nirgendwo mehr ein Mensch
allein und in der Kälte sterben.

*Ich höre Gottes Antwort:*
*„Mein Reich*
*liegt in eurer Hand!*
*Seid gut zueinander! Habt euch gern!*
*Liebt einander!“*

## Das ist mein Trost

Gott ist gut zu mir. Er war manchmal in meinem Leben spürbar gegenwärtig. Er lehrte mich, wie ich mich für andere geben muss, ohne zu fragen, was dabei herauskommt, und auch wenn keiner danke sagt. Er zeigte mir, wie er die Sonne scheinen lässt, auch wenn die Menschen sich im Schatten verkriechen. Er ließ mich die Bäume sehen, die ihre Früchte einfach so geben, ohne zu fragen, wer sie isst. Er verwies mich an das Weizenkorn in der Mutter Erde, das sterben muss, ohne je die Ähre zu sehen.

Ich fühle, dass Gott mich liebt, heute und alle Tage meines Lebens. Er liebt mich, wenn ich lebe. Er liebt mich noch mehr, wenn ich sterbe, weil er mich dann endgültig in seine Arme schließt. Das ist mein Trost, mir kann nichts passieren.

Am letzten Tag meines Lebens, wenn die Sonne endgültig untergegangen ist und ich hineingehe in die Nacht des Todes, will ich sagen, auch wenn ich nicht mehr reden kann:

## ALLES IST GUT.

Alles ist jetzt in Ordnung.
Ich bin nicht tot.
Ich bin nur zum anderen Ufer.
Das Leben verändert sich.
Es wird weiter, voller und inniger,
keine Einschränkung und Begrenzung mehr,
keine Dunkelheit und Traurigkeit mehr.
Nur der göttliche Lebensstrom,
von dem ich zärtlich aufgenommen werde.

Alles wird „Licht“.
Alles wird „Liebe“.
Die Erde kann mir nichts mehr zuleide tun.
In Gott sind alle Wünsche erfüllt.
Ich kann nur dankbar sein.
Mein Glück ist vollkommen.
Ich lebe. Ich bin im Frieden,
wenn ich geborgen bin in den Armen
eines unendlich lieben Gottes.

## Mein letztes Gebet

Wenn ich müde bin
vom Weg zu den Sternen,
um den Menschen in der Nacht
ein bisschen Licht zu holen,
dann setze ich mich in die Stille,
und ich finde dich, mein Gott!
Dann lausche ich der Quelle,
und ich höre dich.
Ganz tief in mir selbst
und in allem, was um mich ist,
spüre ich ein großes Geheimnis.

Gott,
für mich bist du ganz nah,
für mich bist du da,
spürbar, greifbar gegenwärtig.
Gegenwärtig bist du in mir,
mehr als die Luft in meinen Lungen,
mehr als das Blut in meinen Adern.

Gott, mein Gott,
ich glaube an dich.
So wie der Blinde an die Sonne glaubt,
nicht weil er sie sieht,
sondern weil er sie spürt.

Lieber Gott,
in Jesus hast du mich spüren lassen,
wie viel du von mir hältst.
Wie sehr du mich liebst!
Deine Liebe zu mir hast du
in die ganze Natur gelegt
und in die Menschen, die um mich sind.
Du bist ein Gott der Liebe.

Mit tausend Händen streichelst du mich.
Mit tausend Lippen küsst du mich.
Mit tausend Früchten speist du mich.
Alles hast du mir gegeben,
alles, was ich habe, und alles was ich bin.
Auf tausend Flügeln trägst du mich.
Bei dir bin ich zu Hause
wie ein Kind.

Lieber Gott,
nicht zu fassen ist die Freude,
die ich so unverdient genießen darf.
In den Tagen der Angst und Not
lässt du mich erfahren,
was die Propheten
vor Jahrhunderten schon wussten,
dass du mich auf deinem Rücken trägst.
Mit zwei Händen hältst du mich fest.
In Tagen der Schwäche und Sünde
hinterlässt du immer
Heimweh in meinem Herzen
wie eine tiefe Wunde,
und sie wird erst heilen,
wenn mein Herz
wieder in deiner Hand liegt.
Gott, du hast mir ein Wort gesagt,
es macht mir alles klar,
es ist ein Trost, der nicht stirbt
und der mich niemals verlässt –
das eine Wort,
mir tief ins Herz gesprochen:
„Nicht ihr habt mich erwählt,
sondern ich habe euch erwählt."

Lieber Gott,
du hast mich zuerst geliebt.
Seit ich bin, hast du mich geliebt.
Mit unendlicher Geduld
hast du mich in deinem Dienst gehalten.
Ich bin ein kleines Stückchen Glas,
deine Liebe
soll den Menschen darin leuchten.
Ein Stückchen Glas,
so manches Mal vom Alltag verstaubt,
verdreckt von den Stürmen des Lebens.
Aber jedes Mal hast du es wieder
siebzig mal siebenmal rein gewaschen
im warmen Regen deiner Barmherzigkeit,
und du hast es zärtlich
in deine Sonne gelegt,
damit es leuchtender denn je
mitspielt im ewigen Spiel der Liebe
zwischen dir und den Menschen.
Gott, aus Scherben machst du
Spiegel deiner Liebe.

*Lieber Gott,*
*alles hast du mir gegeben.*
*Gib mir noch eins:*
*ein dankbares Herz.*

# Nachwort

*von Ulrich Schütz*

Von den Büchern Phil Bosmans' geht eine seltsame Anziehungskraft aus. Liegt der Grund darin, dass die Leserinnen und Leser spüren, hier geht es um mich, um das, was ich mich schon selbst gefragt, was ich schon selbst erfahren habe, um das, wonach ich mich sehne und wovor ich mich fürchte? Was Phil Bosmans geschrieben hat, hat er aus Sympathie, aus dem Mitleben und Mitleiden mit den Menschen geschrieben. Er wollte sich nicht damit abfinden, dass es so wenig glückliche Menschen gibt, und wusste aus Erfahrung, was ein Wort alles bewirken kann.

Aber er ist nicht nur und nicht zuerst ein Mann des gesprochenen, des geschriebenen Wortes. Denkt man an die großen sozialen Initiativen und Einrichtungen, die er mit Hilfe seines „Bundes ohne Namen" ins Leben gerufen hat, an die unzähligen Begegnungen mit einzelnen Menschen, in welcher Art von Not auch immer, drängt sich die staunende Frage auf, wann und wie er die Zeit gefunden hat, so viel zu schreiben. In seinem Archiv stehen reihenweise Ordner voll mit seinen Texten, oft handschriftlich skizziert: Kurzansprachen, Artikel, Predigtentwürfe, Aufrufe, flüchtige Einfälle und Formulierungsversuche, meditative Gedanken. Es sind Texte aus vielen Jahren und Jahrzehnten und aus ganz verschiedenen Anlässen, durch die er sich herausgefordert sah, das Wort zu ergreifen, besonders wenn es darum ging, Entmutigten Hoffnung zu machen, die Stimme für jene zu erheben, die keine Stimme haben, und für die Rechte der im Leben zu kurz Gekommenen einzutreten. Aber trotz seiner ungewöhnlichen Begabung für das treffende Wort, die verblüffende Beobachtung, das schlagende Beispiel hat er sich nie als ein Schriftsteller verstanden, der um des Schreibens willen schreibt. So sind denn auch die meisten seiner Bücher sozusagen nebenbei entstanden – nicht selten auf freundschaftliches Drängen seines flämischen und seines deutschen Verlegers. Es sind ausgewählte Zusammenstellungen und Bearbeitungen aus den in Fülle bei ihm bereits vorliegenden Texten, alles kostbare Perlen seiner Lebenskunst und Herzensweisheit.

Es gibt aber dennoch einige wenige Bücher, in denen er seine Lebensphilosophie, seine Herzensanliegen, seine Grundüberzeugungen im Zusammenhang dargestellt hat, Bücher, die er von vornherein als ein Ganzes konzipiert hat, auch wenn er seinem Stil pointierter Formulierungen und kurzer Texteinheiten treu blieb. Dazu gehört der Band „Liebe wirkt täglich Wunder", der ursprünglich in vier Teile gegliedert war (bei der gekürzten Neuausgabe 2002 wurde diese Systematik samt einer Reihe von stark zeitbedingten Texten weggelassen.) Dazu zählt naturgemäß sein letztes, ausgesprochen autobiographisches Werk mit seinen Lebenserfahrungen „Man lebt nur mit dem Herzen gut“ sowie das Buch „Zum Glück zu zweit“ mit dem wohlüberlegten Untertitel: „Vitamine für Verheiratete und für alle, die gemeinsam durchs Leben gehen“. Vor allem aber gehört dazu das hier in neuer Form und Gestaltung veröffentlichte Buch, das jetzt den Titel trägt: „Gott – meine Oase“. Es ist ein unkonventionelles Buch, das die Frage nach Gott in einer Weise stellt, wie man es vielleicht noch nie gehört hat, und ein sehr persönliches Buch, das Einblicke in die tiefsten Empfindungen und Erfahrungen des Menschen und des Ordenspriesters Phil Bosmans gewährt. Ursprünglich erschien es unter dem Titel: „Gott – nicht zu glauben“ (Erstveröffentlichung 1987). Eine Formulierung, die stutzig machte und stutzig machen wollte. Würde man den Satz wie einen Merksatz aus dem Katechismus lesen, geriete man sozusagen in ein falsches Spiel. Hier geht es nicht um die Sprache einer theologisch korrekten Lehre, die den meisten nichts sagt. Hier geht es um eine Sprache, die bewegt, die unter die Haut geht und das Herz anrührt. In einer Zeit, in der für viele Gott ein Fremdwort, etwas Bedeutungsloses, Unwirkliches geworden ist, wird Phil Bosmans zum Zeugen Gottes, eines Gottes, der unglaublich ist, unvorstellbar, unergründlich – in seiner Liebe.

In diesem Buch bezeugt er Erfahrungen, wie sie große Gotteszeugen in früheren Generationen ähnlich gemacht haben, und doch erscheint bei ihm nichts gedankenlos wiederholt. Alles ist selbst erlebt und erlitten, und nicht zuletzt beruht darauf seine Glaubwürdigkeit und Überzeugungskraft. Was er sagt, sind keine „frommen Sprüche", wenn man darunter ausgelaugte Worthülsen oder verschlissene Floskeln aus ferner Vergangenheit versteht. Er argumentiert nicht mit komplizierten Gedanken, sondern mit einleuchtenden und zupackenden Bildern. Er kann wunderbar erzählen, in wenigen Worten eine anrührende Szene, eine zu Herzen gehende Parabel. Er liebt die uralten und ewig jungen Symbolworte von der Nacht und dem Stern, von der Blume und der Sonne, von der Wüste und der Oase. Er geht den dunklen Fragen des Lebens nicht aus dem Weg, auf die es keine glatten Antworten gibt; er ist keineswegs blauäugig und naiv, wofür ihn manche halten, die ihn nicht kennen. Mit großem, geradezu kindlichem Staunen begegnet er den Wundern der Natur und sieht darin ein Geheimnis der Liebe am Werk, aber er verschließt auch nicht die Augen vor dem, was Menschen daraus gemacht haben. Phil Bosmans ist überzeugt: Von Gott kann man letztlich nicht anders sprechen als in der Sprache der Liebe. Um das zu verdeutlichen und um einen Zusammenhang zu dem erfolgreichsten Bosmans-Buch „Vergiß die Freude nicht" (Erstveröffentlichung 1976) herzustellen, erschien die deutsche Ausgabe von „Gott – nicht zu glauben" eine Zeit lang unter dem Titel „Vergiß die Liebe nicht" (1997). Die Sprache der Liebe erscheint hier auf vielen Seiten und in vielen Facetten. Dafür lassen sich zahlreiche Beispiele von wunderbarer Innigkeit und Eindringlichkeit finden: „Du bist ein Gott der Liebe. Mit tausend Lippen küsst du mich. Mit tausend Früchten speist du mich. Auf tausend Flügeln trägst du mich. Bei dir bin ich zu Hause wie ein Kind."

Bei der Feier seines fünfzigjährigen Priesterjubiläums hat Phil Bosmans eine Ansprache gehalten, in der er, bereits vom Schlaganfall gezeichnet, auf sein Leben mit Gott blickt und von der die vielen Menschen in der übervollen Kirche tief ergriffen waren. Damals sagte er, und seine Worte haben nichts von ihrer Gültigkeit verloren:

„Gott – meine Oase, das habe ich irgendwann einmal geschrieben. Aber wie oft und wie tief ich Gott auch als eine Oase erfahren habe, wo ich nach Hause kommen und wahre Geborgenheit finden konnte, es gab doch auch viele Wüstentage. Wirkliche Oasentage waren eher selten. Eigentlich lebte ich in dieser Welt wie in einer Wüste. Leere, Dürre, Verlassenheit. Gott lässt dich manchmal eine Zeit lang los, liefert dich an deinen kleines Menschsein und deine grenzenlose Ohnmacht aus. Dann kommen die rauen Wüstenwinde über dich. Du möchtest irgendwo nach Hause kommen und Geborgenheit finden. Aber Gott ist nirgends mehr. Und doch musst du dann weiter glauben und mit leeren Händen nach dem ungreifbaren Gott greifen. Du musst weiter bitten um lebendiges Wasser und um den Weg zur Quelle, gegen die Strömung. Bis dann wieder der Tag kommt, da Gott dich aus der Wüste herausruft und dich die Wunder in seinem Garten genießen lässt, die Gaben seines Herzens, die Früchte seines Geistes. So habe ich in den vielen schönen Augenblicken meines Lebens Gott als eine wahre Oase erfahren. Ich fand lebendiges Wasser und tiefe Geborgenheit. Ich fühlte Licht, Trost, Frieden und Freude wie eine zarte Hand, die mich wieder aufrichtete. Ich war glücklich." Kann man allen Leserinnen und Lesern von Phil Bosmans etwas Schöneres wünschen?

# Phil Bosmans im Verlag Herder

**Vergiss die Freude nicht**
12,0 x 19,0 cm, 96 Seiten, gebunden,
vierfarbig mit Abbildungen
ISBN 3-451-27591-0

**Blumen des Glücks musst du selbst pflanzen**
12,0 x 19,0 cm, 96 Seiten, gebunden,
vierfarbig mit Abbildungen
ISBN 3-451-27592-9

**Liebe wirkt täglich Wunder**
12,0 x 19,0 cm, 96 Seiten, gebunden,
vierfarbig mit Abbildungen
ISBN 3-451-27686-0

**Ja zum Leben**
12,0 x 19,0 cm, 96 Seiten, gebunden,
vierfarbig mit Abbildungen
ISBN 3-451-27687-9

**Ich hab dich gern**
12,0 x 19,0 cm, 96 Seiten, gebunden,
vierfarbig mit Abbildungen
ISBN 3-451-28229-1

**In dir liegt das Glück**
12,0 x 19,0 cm, 96 Seiten, gebunden,
vierfarbig mit Abbildungen
ISBN 3-451-28230-5

**Leben jeden Tag**
Ein Jahresbegleiter
13,9 x 21,4 cm, 400 Seiten, Halbleinen
ISBN 3-451-26715-2

**Weihnachten mit Phil Bosmans**
Texte für alle Tage der Advents- und Weihnachtszeit
10,6 x 19,8 cm, 96 Seiten, Halbleinen
ISBN 3-451-27183-4

**Ostern mit Phil Bosmans**
Ein Begleiter durch die Fasten- und Osterzeit
10,6 x 19,8 cm, 96 Seiten, gebunden
ISBN 3-451-27475-2